성공 돌직구 45

성공 돌직구 45

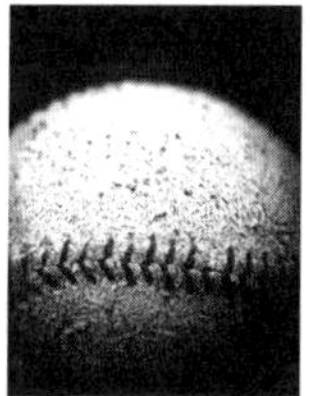

| 김우일 지음 |

　복잡다단하게 급변하는 21세기에 살아가는 사람들은 예상치도 못한 무수히 많은 난관에 부딪치고, 좌절하기도 하며 또 그것을 딛고 일어서기도 한다. 이를 안내하는 책이 난무하지만 피상적이고 상투적인 내용뿐이라 그야말로 마음 속 깊은 곳의 가려운 데를 긁어주지를 못한다.

　더구나 성공을 거둔 원인과 결과만을 얘기할 뿐, 필자는 항상 성공 과정에서 느꼈던 내면의 심리상태와 이를 둘러싼 세상원리가 알고 싶었다. 도대체 무엇이 성공으로 이끌기도 하고 실패로 이끌기도 하는지 굉장히 궁금했다.

　보이지 않는 거대한 손이 사람마다 정해져 있는 길을 끌고 가고 있는 것은 아닐까? 그렇다면 인생은 너무 재미없다. 우리가 수억 분의 일의 확률로 생명으로 태어난 가치와 보람이 없다.

　운명은 성격과 습관이 80%, 사건, 기회, 타임 등 비자발적인 요소들 20%가 작용하여 만들어진다고 한다. 실패를 극복하고 성공으로 가는 길은 다음 두 가지가 필수적으로 동반되어 작용한다.

　첫째, 내면의 심리상태
　둘째, 자신을 둘러싼 주변의 세상원리

전자는 자신의 의지대로 움직일 수 있지만, 후자는 자신의 의지와는 무관하게 움직인다. 그래서 필자는 목이 말랐다.

도대체 어떤 심리에 어떤 세상원리가 더해져 사람의 운명을 바꾸는가?

심心은 필必이 된다는 이야기가 있다. 마음 심 자의 가운데는 초승달을 의미하고 그 위에 두 점은 성공과 실패를, 밑에 한 점은 양심을 의미한다. 즉 마음은 초승달같이 변하고, 마음에는 성공과 실패, 선과 악의 두 개 심리가 존재하는데, 선과 악은 반드시必 마음에 따라 갈라진다는 것이다.

모든 것이 마음에 먹기에 따라 달라진다는 일체유심조一切唯心造. 우리가 마음 밑바닥에 있는 심리현상과 주변의 세상원리를 깨닫고 활용한다면 틀림없이 그동안 보이지 않았던 새로운 길이 여러분 앞에 활짝 열릴 것으로 확신한다.

대우그룹에서 23년, 컨설팅회사에서 12년, 학교에서 6년 간 느꼈던 내면의 심리상태와 세상원리를 45개의 법칙으로 묶어 여러분에게 소개하고자 한다. 이 45개의 법칙을 깨닫고 적용하여 독자 여러분의 앞길에 새로운 서광의 길이 비친다면 필자의 보람이 크다 하겠다.

김우일

목차

　모든 시각은 나름대로 옳다. 그래서 의견이 다른 것이 좋다. 다른 것은 다양성과 창의성을 제시하고, 합쳐질 때는 시너지 효과가 생기기 때문이다.

　유태인의 법률에는 '만장일치'라는 판결이 없다. 반드시 찬성과 반대의 의견이 나눠져야 진정한 의미의 정의에 가까워지지 한쪽으로 치우친 의견은 다양성 결여라는 함정에 빠져 오히려 더 위험한 정의라는 것이다. 그래서 유태어로 '진실'이라는 단어는 '에메트'인데, 이는 '처음과 중간, 끝이 같다'라는 뜻으로 어느 한쪽에 지우치는 것을 경계함이다.

　서로 다른 시각에 따른 결과가 상상도 못할 정도의 큰 효과를 가져온 재미있는 일화가 있다.

　영적으로 뛰어난 신부가 강론을 하기 위해 초청한 국가로 떠났다. 이 신부는 초청한 국가에서 자신을 영접 나온 사람과 영적으로 교감이 없으면 그 자리에서 발길을 돌리기로 유명했다. 신부가 가버리면 그의 강론을 들으려는 수많은 신도들의 실망이 컸기 때문에 초청한 나라의 주교는 고민이 이만저만이 아니었다.

그러나 책임이 막중한 자리였기에 아무도 지원하는 신부가 없었다. 까다롭기로 유명한 신부에게 어떻게 영적으로 교감해야 할지 도무지 자신이 없었기 때문이다.

고민하는 주교의 모습을 본 수사가 물었다.

"주교님, 무슨 고민이 있으시기에 얼굴에 근심이 가득하십니까?"

"자네가 알 일이 아냐."

그 수사는 애꾸였고, 문지기로 일하고 있었다. 그래도 계속되는 수사의 질문에 주교는 사정을 이야기했다. 이야기를 듣고 난 수사는 그냥 영접해서 모시고 오면 될 단순한 일을 가지고 괜히 고민하는 주교가 불쌍해졌다.

"제가 나가겠습니다."

"일자무식이고, 애꾸인 자네가 가겠다니 말도 안 돼!"

시간이 흘렀지만, 아무도 지원하는 자가 없는 관계로 주교는 할 수 없이 그 애꾸눈 수사를 내보냈다. 공항으로 마중 간 애꾸눈 수사와 비행기 트랩을 내려오는 신부가 눈이 마주쳤다.

신부는 가만히 보다 손을 하늘로 들어 검지 한 개를 폈다. '천지에 하느님은 오로지 한 분'이라는 메시지였다. 그러자 애꾸눈 수사는 손가락 두 개를 폈다. 신부는 놀랐다. '하느님은 하늘과 땅을 창조하셨다'는 메시지였다. 신부는 다시 손가락 세 개를 폈다. '하느님은 성부와 성자와 성령 삼위'를 나타내는 메시지였다. 애꾸눈 수사는 주먹을 쥐고 흔들었다. 신부는 다시 한 번 놀랐다. 바로 '성부, 성자, 성령은 일체라는 삼위 일체' 메시지였다.

많은 국가의 초청을 받고 수없이 다녀 봤지만, 공항에 영접 나온 사람과 이렇게 영적으로 딱 교감이 이루어진 경우는 없었다. 신부는 달려가 애꾸눈 수사를 껴안고는 말했다.

"오늘 큰 교감을 이루었네!"

이후 신부는 열심히 강론하여 많은 신도들에게서 찬사를 받았다. 일이 끝난 후 주교는 궁금해서 수사에게 신부와 어떻게 완벽한 교감을 나누었는지 알려달라고 했다.

"아, 글쎄 주교님이 저를 보더니 손가락 한 개를 펴더라고요. '저는 제 눈이 한 개밖에 없다'는 욕설을 보고 '그래 니 눈은 두 개다' 그러면서 손가락 두 개를 폈죠. 그랬더니 그 신부님이 손가락 세 개를 펴더라고요. '제 눈 한 개와 신부의 두 눈을 합치면 세 개다'라는 욕설이 또 나오더라고요. 그래서 저는 내려오면 때려주겠다고 주먹을 휘둘렀죠. 이게 답니다."

이 일화에서 우리는 큰 교훈을 얻는다. 서로 상반되는 생각이 합쳐지면 오히려 더 좋은 결과가 만들어진다는 것이다.

GLBT라는 계수가 있다. 기업에 종사하는 직원들의 성향을 분류해 놓은 것으로 IT산업의 매카인 미국 실리콘 밸리에 있는 기업들의 경우,

이 계수가 다른 기업들에 비해 월등히 높다고 한다.

이 계수가 높을수록 기업의 창의성이 높은데, GLBT는 게이gay, 레즈비언lesbian, 바이섹슈얼bisexual, 트랜스젠더transgender 네 단어 첫머리를 따서 만든 것이다. 이 소수 그룹에는 창조주를 뒤통수칠만큼 특별한 무엇인가가 있다. 이 특별함은 다른 사고를 하고 나아가 다른 아이디어를 도출해내면서 신기원을 만든다는 것이다.

미국이 초강대국이 된 것은 바로 이민족들 간의 다양한 문화가 멜팅melting되어 있기 때문이다. 자신과 다른 것을 배격하는 게 아니라 안으로 수용하고 존중함으로써 새롭고 무한한 힘을 생성시키는 것이다.

삼성이 자동차산업에 진입하여 실패한 이유는 여기에 대한 찬반 의견이 없었기 때문이다. 총수의 일방적 인수의지에 따라 추진하자는 의견이 만장일치로 나왔다.

반면 현대자동차가 기아차를 인수할 때에는 많은 반대와 찬성이 있었고, 격렬한 논쟁을 거쳐 최종 단계에서야 총수가 결정을 내렸다.

"우리가 기아를 인수하지 않고 대신 삼성이 인수하여 우리가 이를 뒤따라가야 하는 비용과 우리가 기아를 인수하여 리스크를 감수해야 하는 비용을 비교하면 후자보다 오히려 전자의 비용이 더 클 것이다. 따라서 인수하고 대신 우리는 각고의 노력으로 인수 리스크를 없앨 것이다."

만장일치로 추진했던 삼성은 자동차산업에 실패하고, 의견이 분분했던 현대가 성공했다는 일화에서 다양성은 마이너스가 아니라 플러스라는 사실을 깨달아야 한다.

① A+A=AA

② A+B=AA, BB, AB

과연 ①과 ② 중 어느 것이 더 파워풀한가?

1. 사업을 시작할 때는 서로 다른 사람들이 만나 배격보다 수용을 하라.

2. 이 세상에 가장 강한 것은 자연이다. 자연은 다양하고 다른 생물들로 구성되어 있다. 서로가 이기지 않고 서로를 수용하기 때문에 자연은 영원불멸하다.

3. indifferent는 무관심이라는 뜻이다. 다르지 않은 것(in+different)은 무관심과 무차별을 받을 뿐이다.

진지한 것은 가볍게,
가벼운 것은 진지하게

무슨 일이든 시작할 때 잘하려고 생각하면 초조해지고 긴장된다. 초조함과 긴장감이 사고를 지배해 뇌와 근육이 경직되면 유연한 사고가 불가능해진다. 결국 초심과는 다른 정반대의 결과가 나오게 되는데, 이 과정을 사이클로 그려보면 재미있다.

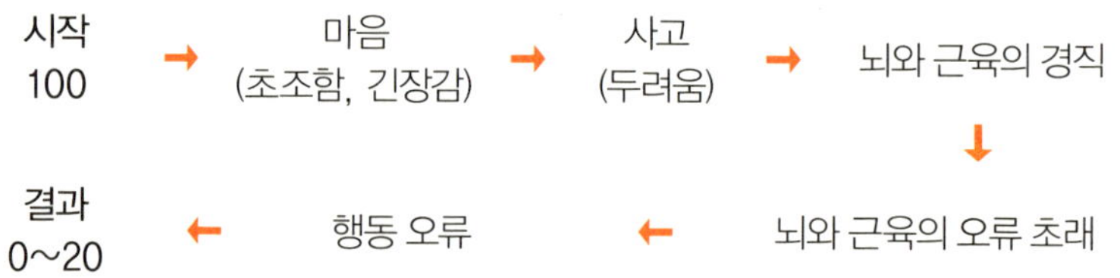

이 사이클은 외부의 간섭 없이 오로지 자신의 안에서만 일어나는데, 시작할 때 목표로 100을 세웠다면 최종 결과는 0~20정도밖에 나오지 않는다. 자가 발전해서 실적이 높아지는 게 아니라, 거꾸로 실적이 낮아

지는 셈이다. '잘하자. 잘하자' 하는 다짐이 오히려 스스로 긴장감을 유발해 일을 더 그르치게 만드는 것이다.

필자가 일본에서 겪은 실화다. 일본에서 중요한 거래선과 골프를 쳤다. 캐디는 한국말을 전혀 알아듣지 못하는 일본인이었다.

모두가 지켜보는 가운데 마음속으로는 빨랫줄 같은 호쾌한 드라이브와 '굿샷'이라는 귓가의 환호를 연상하며 잔뜩 폼을 잡고 타석에 들어섰다. 속으로 어깨와 팔에 힘을 빼고, 고개를 돌리지 말고, 손아귀를 새 잡은 듯이 느슨하게 잡고, 두 다리와 항문에 힘을 바짝 주며, 들어 올릴 때 뒤로 제치지 말고 등의 포인트를 떠올리며 자신만만하게 준비했다. 몇 번 스윙연습을 해보고는 엄청난 장타를 기대하고 힘껏 휘둘렀다. 그런데 아뿔싸 공이 빗맞아 10미터 전방에 데굴데굴 굴렀다.

기분이 상한 필자는 나도 모르게 "에이 시팔!"이라고 소리쳤다. 그 소리를 들은 일본인 캐디가 물었다.

"난노 이미 데스까 무슨 뜻입니까?"

"네? 그게……. '굿샷'이라는 뜻이에요. 에이 시팔와 굿샷데스네."

필자는 순간 당황하여 그렇게 말했다.

일본인 캐디는 고개를 끄덕이며

"소우데스까. 에이 시팔와 굿샷데스네. 와까리마시타."

그러면서 한국어를 하나 배웠다는 듯 고개를 끄덕이며 외우는 듯했다. 그 다음 타석에서는 그런대로 드라이브를 쳤다. 순간 일본인 캐디의 외치는 소리가 메아리쳤다.

"에이 시팔!"

"에이 시팔!"

모두가 웃었다. 캐디는 눈이 둥그래지며 왜 웃는지 몰라 의아했다. 필자는 아무 대꾸도 못하고 다음 타석에서는 이 욕을 안 듣기 위해 일부러 적당히 휘둘렀다. 그런데 이게 웬일이야 더 잘 맞았다. 또 "에이 시팔!"이 귓가에 메아리쳤다. 더 이상 듣기 거북했다.

그 다음부터는 일부러 골프채를 대충대충 휘둘렀다. 그러나 그때마다 드라이브는 필자를 비웃듯 의도와는 180도 다르게 그야말로 빨래줄 같은 호쾌한 장타를 날리고 있었다.

"에이 시팔!"

"에이 시팔!"

일본인 캐디는 우리의 기분을 맞추기 위해 더 크게 욕을 해댔다. 몇 번 듣고 나니 정신이 하나도 없었다. 일부러 안 맞추려고 하면 비웃듯이 더 잘 맞았다. 드라이브는 얼핏 보면 굉장히 어렵고 진지하게 쳐야 될 것 같은데 거꾸로 가볍게 툭 치면 더 잘 맞는다는 이야기이다.

이번에는 퍼트 차례다. 퍼트는 어려워 보이지 않고 툭 치면 들어 갈 것 같다. 그러나 그렇게 치면 절대 들어가지 않는다. 오히려 신중하게 계산하여 쳐야 된다. 필자는 그날 80타를 치고 의도하지 않은 욕을 50번이나 들어야 했다. 결론적으로 진지하고 무거운 드라이브는 가볍게, 단순하고 가볍게 보이는 퍼트는 진지하게 쳐야 된다는 것이다.

우리나라에서 재벌그룹이 사업을 하기 위해서는 정부부처와 많은 교류를 쌓아야 한다. 필자가 대우그룹 재직 시 관계부처의 공무원을 접대할 때 '고스톱'이라는 놀이가 성행했다. 그냥 돈을 주면 뇌물이 되는바, 이른바 놀이를 통해 돈을 잃어 주는 것이다.

정상적 게임을 해 잃고 딴다면 뇌물이 아닌 바, 접대를 받는 쪽은 따기 위해 안간힘을 쓰고 접대를 하는 쪽은 잃기 위해 안간힘을 쓰는 것이다. 그런데 이 안간힘 때문에 결과가 거꾸로 간다. 잃으려고 하면 할수록 뒤쪽 패가 거꾸로 맞아떨어지는데 잃을 도리가 없었다. 오히려 큰돈을 벌어 머쓱해진 경우가 한두 번이 아니었고, 딴 돈을 억지로 주면 더 기분 나빠했다.

여기서 교훈이 하나 있다. 바로 SERI의 법칙이 적용되는 것이다. 진지한serious 것은 가볍게light, 가벼운light 것은 진지하게serious! 맞닥뜨린 상황과 대비하는 마음은 서로 다르게 해야 한다는 것이다. 복잡하고 기대목표치가 큰일에는 오히려 될 대로 되라는 마음의 자세가 필요하다. 이렇게 하면 긴장감을 누그러뜨릴 수 있다. 반대로 쉬운 일일수록 더 세심하고 진지하게 임하는 마음의 자세가 필요하다. 경우에 따라 진지하게 혹은 가볍게 대처함으로써 기대목표치 100에 근접한 결과를 낼 수 있는 것이다.

기대목표치를 100으로 잡을 때 40이라는 결과가 나오면 보통, 60이라는 결과가 나오면 양호, 70이라는 결과가 나오면 최우수 수준이다. 항상 실제 발생될 결과치보다 기대목표치를 과하게 잡는 경향이 있고, 기대에서 결과로 가는 과정에 예상외의 변수가 발생되기 때문이다. 물론 과정

중에 예상외의 변수가 플러스로 작용되어 결과가 기대목표치를 능가하는 일도 있지만 이는 매우 드문 경우다.

Chapter 3

성공과 실패 사이

　이 세상 모든 사람들이 24시간 몰두하는 것이 바로 '성공'이다. 오로지 이 성공이라는 목표를 향해 열심히 뛰고 공부하고 궁리하는 것이 인간의 적나라한 본래 모습이다.

　모든 교육과 가르침이 악을 배제하고 선을 쟁취하고, 실패하지 않고 성공하고, 죽음보다 생명을 추구하고, 병마보다 건강을 추구하고, 나쁜 것보다 좋은 것을 획득하는데 필요한 오만 가지 지식과 비법을 전수하고 있다.

　그러나 자연의 섭리는 그렇지 않다. 동전이 있기 위해서는 앞면과 뒷면이 공존해야지, 앞면 또는 뒷면만 떼어 놓고는 동전이 존재할 수 없다. 실패라는 측면이 있기에 성공이라는 측면이, 불행이 있기에 행복이, 악마가 있기에 천사가, 음지가 있기에 양지가, 구심력이 있기에 원심력이, 무無가 있기에 유有가, 서로 다른 측면이 양면으로 공존하기에 한 개의 개념과 사물을 형성하는 것이다.

인도에 다음과 같은 유명한 일화가 내려오고 있다. 어느 마을에 수호신처럼 여겨지는 큰 나무가 있었는데, 그 나무에는 종류가 다른 두 열매가 열렸다. 하나는 성공을 뜻하는 초록색이었고, 다른 하나는 실패를 뜻하는 빨간색이었다. 초록색 열매를 따먹는 사람은 성공하고, 빨간색 열매를 따먹는 사람은 실패한다는 전설이 내려오고 있었다.

모두가 성공 열매만을 따먹으려 했으나, 초록색과 빨간색 열매 중 어떤 열매가 진짜 성공 열매인지 알 수 없어 선뜻 나서는 사람이 한 명도 없었다. 용감한 한 청년이 초록색 열매를 따먹고 큰 부자가 됐다는 소문이 나자 모든 마을 사람들이 너도 나도 몰려들어 전부 초록색 열매만 따먹었다. 며칠 후 마을의 수호신 역할을 하던 그 나무는 죽고 말았고, 그 마을도 얼마가지 않아 폐허가 되었다고 한다.

이 이야기는 좋은 면과 나쁜 면이 공존하지 않고, 좋은 면만 가지고는 이 세상의 삼라만상이 유지되지 않는다는 것을 가르쳐 주고 있다. 한 번도 실패해 보지 않고 성공만 한 사람은 진정한 의미의 성공자라 할 수 없다. 성공자라기보다는 억세게 재수 좋은 사람으로 치부해도 좋을 것이다. 부러워할 것도 없는 것이 이 행운은 그리 오래 가지 못한다는 사실이다. 행(幸) 자에서 꼭대기 한일(一) 자를 빼면 고생을 뜻하는 신(辛) 자가 되는 것과 같이 좋은 것과 나쁜 것은 종이 한 장 차이다.

개인이 아니라 전체를 보더라도 구성원인 모든 사람이 성공만 한다면 사회라는 큰 울타리는 존재할 수가 없다. 사회조직이 돌아가도록 밑거름이 되어주는 것은 성공이 아니라 실패라는 요소다.

예를 들어 어떤 사람이 사업에 실패했을 경우 많은 투자금이 수익으로 들어오지 않고, 사업에 필요한 인건비, 재료비, 경비 등으로 나누어 쓰인 것과 같다. 대승적 차원에서 보면 모든 사회구성원에게 배부되어 나누어지는 기부행위와 다를 바가 없다. 소수의 투자자 주체는 큰 손실을 보지만 그 돈은 하늘이나 땅으로 꺼져 쓰레기가 된 것이 아니라, 다수의 소비주체를 바꾸어 가며 돌고 돌아 순환되고 새로운 재생산의 기회를 만드는 것이다.

반대로 사업에 성공했을 경우, 투자된 원가보다 더 큰 마진이 붙어 주위의 돈이 소수의 투자자에게 몰려온다. 다수의 소비자에게 빠르게 순환, 소비되어져야 할 돈이 웅덩이에 모이는 격이며 이 돈이 빠르게 확대재생산의 흐름을 탄다면 괜찮지만, 재투자되지 않고 소수 성공자의 배만 불려주는 저수지의 고인 돈이 된다면 대부분의 사회구성원은 돈가뭄에 허덕이며 경제정체에 빠지게 된다. 모든 사회구성원이 성공만 한다면 사회라는 유기체, 경제적 조직은 금방 붕괴되어 버린다.

실패를 거듭하여 고통을 받는 사람들이여, 그대들이 존경하는 영웅의 그늘을 보자.

이순신	무관시험 낙방, 함경도 변방 만호 벼슬, 오랑캐 공격 방어 실패로 최말단으로 강등, 죄수로 투옥, 투옥 중 어머니의 죽음, 백의종군, 아들 면의 죽음
링컨	2번 사업 실패, 의회선거 낙선, 연인 사망, 정신분열증, 국회의원·부통령 낙선, 암살
에디슨	초등학교 중퇴, 열차 안 가판원 생활, 화재로 위기, 2000번의 실패
스티브 잡스	입양아, 대학 중퇴, 애플사에서 추방, 췌장암으로 사망

뛰어난 영웅일수록 잘못, 실수, 실패가 많지만 이들이 위대한 이유는 나쁜 면을 좋은 면으로 승화했기 때문이었다.

우리는 실패라는 측면을 무조건 배척할 것이 아니라, 성공이라는 다른 측면을 달성하기 위해 반드시 존재해야 하는 또 다른 성공의 이면이라 생각한다면 인생 최대의 숙제를 풀 수 있을 것이다. 성공을 위한 최대의 지름길은 F.F.F.F.를 얻는 것이다.

Free From Fear of Failure

실패의 두려움으로부터의 자유

1. 실패의 뒷면에는 항상 성공의 그림자가 새겨져 있다.

2. 실패와 성공은 한 얼굴이다. 실패 속에 성공이 있고, 성공 속에 실패가 있다.

3. 실패해서 포기하는 그 순간, 성공이 문을 노크하려고 손을 든다.

모든 외부 정보는 눈, 코, 귀, 입, 피부라는 인체의 오감기관을 통해 들어오고, 이 자료를 분석하고 결론을 내리는 것이 두뇌이다. 그런데 이 오감을 통해 들어오는 정보는 그야말로 피상적인 정보에 불과하다. 보이고, 냄새 맡고, 맛보고, 들리고, 피부로 느껴지는 겉으로 표현된 형상으로만 인식되기 때문에 아직 나타나지 않은 내재된 정보는 인식이 어렵다.

예를 들어 지진이 일어날 경우, 인간은 지진파의 변동을 보고 안다. 그러나 쥐, 뱀 등 자연동물들은 지진파가 나타나기 전 지구 깊숙한 곳에서 느끼는 징후를 미리 알고 피한다고 한다. 타고난 육감도 있지만 그보다는 수만 년 동안 이어져 온 경험과 지식에 의한 학습효과에 더 기인한다 하겠다.

하인리히 법칙이란 게 있다. 1:29:300법칙인데, 하나의 큰 사건이 발생하기까지는 전조현상으로 29개의 사소한 변화와 300개 이상의 징후가 일어난다는 것이다. 그런데 이 29개와 300개의 이상 조짐이 눈에 잘 띄지 않고 감지가 잘 안 된다는 것이다. 감지가 어려운 것은 사실이지만, 미세한 변화는 분명 일어나기 때문에 세포를 곤두세우면 이상한 징후들을 느낄 수 있는 법이다.

인간의 오감이 미치지 않는 많은 현상이 존재한다. 눈에 보이지 않는 광선, 귀에 들리지 않는 주파수, 느끼지 못하는 자력, 텔레파시 등 이 모든 것들은 오감보다는 육감으로 감지할 수 있다.

술, 담배, 기타 유희로 피폐해지면 해질수록 오감이 현저히 떨어지는데, 오감이 떨어지면 육감도 덩달아 떨어진다. 예로부터 단전호흡, 명상, 단식 등의 수련을 많이 한 승려들이 산속에서 뭇 사람들의 앞일을 예언하는 것 등은 바로 이 이유라고 하겠다.

삼국지의 영웅 조조와 유비를 보자. 조조는 뛰어난 육감 덕분에 결국 위나라가 천하를 제패하게 만들었지만, 유비는 관우의 복수를 하기 위해 무리한 전쟁을 일으키는 등 육감이 신통치 않았다.

조조의 뛰어난 육감의 일례를 보자. 주변 국가 사절단이 위나라를 방문한 날 조조는 암살 방지를 위해 풍채 있고 위엄 있는 신하를 왕좌에 앉히고, 자신은 오른쪽 밑 하단에 부복하였다. 영접이 끝난 후 조조는 다른 사람으로 하여금 사절단 수장에게 우리 국왕이 위엄 있고 풍채가 좋은데 어떠하냐고 물어보게 했다. 하지만 사절단 수장의 대답은 의외였다.

"귀하의 국왕은 위엄이 있습니다. 그런데 그보다는 오른쪽 밑 하단에 부복해 있는 신하가 더 비범한 기가 흐르는 것 같습니다. 그 신하는 누구입니까?"

이 말을 들은 조조는 귀국하는 사절단을 몰래 추격해 그 수장을 암살해버렸다. 조조는 "그토록 사람을 보는 눈이 뛰어난 사람은 우리에게 큰 적이다. 미리 후환을 없애버리는 것이 좋다"라고 했다.

중국을 최초로 통일한 진시황도 육감이 뛰어난 왕이었다. 수많은 암살시도를 뛰어난 육감으로 피해 나갔다. 암살자객 형가가 진시황의 원수 번어기의 목을 쟁반에 들고 진시황을 안심시킨 후, 지근거리에 다가가 칼을 휘둘렀지만 실패한 것은 뛰어난 진시황의 육감 덕분이었을 것이다.

우리가 파리채를 들고 때리기 전 파리는 날아간다. 참새들은 공기총의 방아쇠를 당기기 전 꼭 날아간다. 이 모두가 육감에 의한 텔레파시다.

필자가 사업계획을 컨설팅해보면 데이터만 따져서 의사판단을 한 경우 대부분 백전백패였음을 알 수 있었다. 한치 앞도 못 내다보는 인간들의 머리로 이미 죽어있는 과거자료를 보며 5개년 미래사업계획을 세운다는 것 자체가 사실 아이러니다. 또한 사업계획서를 만들면서 이 사업을 수행해야 하는 당위성을 선입견으로 먼저 머릿속에 가지고 있기 때문에 사업의 숨어있는 진면목을 보기 어렵다.

모 대기업 사장은 육감에 의한 사업 감각이 뛰어났다. 그는 준비해온 사업계획자료를 보고는 꼭 일주일 뒤 새벽에 의사결정을 했다고 한다. 사업계획자료를 코에 대고 눈을 지그시 감고 '음, 돈 냄새 난다'고 하면 OK이고, 아무리 자료상 추정이익이 많이 나도 '돈 냄새 안 나는데?' 그러면 포기했다고 한다. 그가 겪어온 수많은 경험에 의해 길러진 동물적 감각 즉 육감이었다.

"무슨 사업계획자료이든 그 안에 있는 숫자는 과거의 통계에 근거한 예상 치에 불과한바, 틀릴 확률이 더 많고, 더구나 사업계획을 짜면서 과대 포장하기 쉬운 근본적인 함정을 가지고 있기 때문에 자료를 보는 것은 어디까지나 참고에 불과할 뿐, 결국은 최고 의사결정권자의 직관이 더 중요하다"고 그 사장은 입버릇처럼 말하곤 했다. 그렇다고 과대 포장된 자료가 없이는 또 곤란하다. 즉 육감의 스파크는 그 자료에서 생겨나기 때문이다.

정설이 통하지 않는 주식시장도 마찬가지다. 모든 정보와 재무자료, 차트분석에 100% 의존한 투자형태와 오로지 느낌으로 던지는 투자형태를 비교했더니 후자가 더 수익률이 높았다고 한다. 이것은 정보와 자료를 숙지한 후, 즉각 그 숙지된 자료에 의거 의사결정하는 것보다는 시간을 두고 잠재의식에서 무의식적으로 지시하는 육감으로 선택하는 것이 더 확률이 높다는 사실을 알려주고 있다.

이 세상을 휘어잡은 성공자치고 육감 즉 직관이 뛰어나지 않은 사람은 거의 없다. 똥과 된장을 꼭 냄새 맡지 않고도, 독버섯과 식용버섯을 먹어보지 않고도 구분해야 한다. 그러면 어떻게 하면 육감을 최대한 높일 수 있을까?

육감은 잠재의식에서 꽃핀다. 잠재의식 속에는 성공의 열쇠가 되는 근면, 성실, 헌신, 봉사, 착한 마음, 끈기, 의욕 등과 실패의 열쇠가 되는

나태, 불성실, 포기, 이기심, 독선 등의 여러 가지 요소가 혼재해서 존재
하므로 잠재의식에서 성공의 열쇠가 꽃피도록 항상 마음을 다지고 자기
최면을 걸어주어야 한다.

여기서 GAG MAN이라 함은 웃기는 것을 전문으로 하는 사람을 의미
하는 것이 아니다.

> Gambling(도박)
> Alcohol(알코올)
> Girl(섹스)
> MANia(애호가)

무절제한 도박, 알코올, 섹스는 기氣를 떨어뜨려 육감의 센서를 무용
지물로 만들고, 마니아는 어느 한 곳에 몰입하여 센서를 골고루 분산하
지 못한다. 한 가지 취미에 너무 몰입하면 한정된 인체의 육감을 다른
곳에 투입할 여력이 없어진다.

과도한 염분, 당, 기름을 가능한 절제하고 운동으로 몸 안의 부패요소
를 배출시켜 혈액의 점도를 깨끗하게 유지함으로써 피의 흐름을 좋게 한
다. 이는 인체의 모든 감각기관의 상태를 최상으로 유지시켜준다.

셋째, 명상과 복식호흡을 한다.

명상 – 생각을 생각나는 대로 그냥 내버려두어 생각의 휴식을 취한다.

복식호흡 – 배로 호흡함으로써 폐와 머리의 부담을 덜어준다.

이는 머릿속을 쉬게 하고 정결하게 하여 사고방식의 범주를 더 넓고 깊게 해준다.

넷째, 지식과 경험을 쌓아야 한다.

앞서 말한 요령대로 인체의 육감 센서를 잘 단련시켰다고 하더라도 이를 활용하고 요긴하게 써야 진정한 무기가 될 수 있다. 아무리 훌륭하게 갖추어져 있더라도 쓰는 기술을 모르면 무용지물이다. 값비싸고 성능이 뛰어난 스마트폰이 있더라도 이를 활용할 앱이 없으면 쓰레기와 다름없다. 즉 좋은 하드웨어에는 반드시 좋은 소프트웨어가 겸비되어야 한다.

하드웨어(육감센스)를 가동시켜주는 소프트웨어(앱)는 바로 지식과 경험의 축적이다. 이 지식과 경험이 밑바탕에 깔려 있어야 이것을 근거로 훌륭한 육감센서가 작동되어 큰 효과를 거둘 수 있는 법이다.

다섯째, 훈련을 한다.

지속적으로 반복적인 훈련을 하면 몸에서 뿜어져 나오는 텔레파시의 강도가 세진다. 미국의 한 대학에서 실제 훈련한 실험결과가 있다.

◀☎◁♧우★

　상기 기호를 표시한 6개 카드를 덮어 놓고 일반인 팀과 훈련한 팀이 기호를 알아맞히게 한 결과, 일반인 팀은 각 카드 당 알아맞힐 수 있는 확률이 6분의 1 즉 17%, 훈련한 팀은 연습을 거듭할수록 향상되어 45%까지 알아맞힐 수 있는 상태가 되었다고 한다. 정신을 집중하고 뒤집어져 있는 카드를 주목하면 카드의 섬유질 미세 틈새로 텔레파시가 통해 그 모양의 음영이 머릿속에 떠오른다는 것이다.

　훈련팀의 카드를 맞힐 확률 45%에서 일반팀의 카드를 맞힐 확율 17%를 빼면 28%, 이 28%가 바로 일반인이 활용하지 못한 제6의 감각인 ESPExtra Sensory Perception로 텔레파시에 의한 능력이다. 이 ESP는 초능력이 아니라 잠재해 있는 능력인 것이다.

　육감이 필요한 순간은?

첫째, 상황 판단을 해야 할 때

　이 분위기를 피해야 할 것인지, 머물 것인지, 싸워야 할 것인지 아니면 전환시켜야 할 것인지를 냉철히 느껴야 한다. 이런 상황에서는 누군가에게 물어볼 수도 없고 정답을 아는 사람도 없다. 오로지 그 분위기 속에 있는 자신만이 느끼고 판단해야 한다. 예를 들어 사업을 할 것인지 말아야 하는 것인지, 어떤 상황을 개척하기 위해 시작해야 하는지 말아야 하는지 이 모두에서 육감이 필요하다.

둘째, 동향을 느껴야 할 때

현재 주변에서 일어나는 사건이나 트렌드는 보다 큰 그림(흐름)의 일부분이다. 큰 그림은 처음부터 나오는 것이 아니라, 작은 것 하나 하나가 모여 완성된다. 지금 어디에 위치해 있으며 장차 어디로 갈 것인지 움직임의 변화를 감지해야 한다. 바람이 어디에서 불어오고 어느 방향으로 불어갈 것인지를 느끼는 것이 일을 성취하고자 하는 사람에게는 대단히 중요한 요소다.

셋째, 사람을 느껴야 할 때

우군인지 적군인지 느낄 수 있어야 한다. 영양가 있는 사람인지 영양가 없는 사람인지 느끼고 그에 대응하는 처세를 해야 한다. 사기를 당하는 사람들 중 대부분이 바로 이를 못 느낀다. 사기는 구밀복검口蜜腹劍에서 온다. 뱃속에 칼을 감추고 입으로는 달콤하게 다가오는 것이다. 뱃속에 칼이 있는지 느끼지 못하면 꿀같이 달콤한 말에 현혹되어 백발백중 사기꾼에게 당할 수밖에 없다.

넷째, 자신을 느껴야 할 때

자신의 능력, 기술, 강점, 약점, 심리상태 등이 어떤 수준인지 느낄 수 있어야 한다. 보통 우리는 타인에게는 엄격하면서 자신에게는 관대하다. 자신이 하면 로맨스, 다른 사람이 하면 불륜이라고 생각한다. 타인에게 엄격하듯 자신에게도 엄격해지는 것이 좋다. 자신만은 그렇지 않을 것이라는 과대평가 혹은 과소평가가 그릇된 일의 시작이 되는 경우가 많다.

사기 치는 사람도 책임이 있지만, 사기 당하는 자신에게 책임이 더 있는 경우도 많다. 사기라는 범죄는 사실 사기 치는 사람과 사기 당하는 사람과의 공동 작품인 셈이다. 사기 당하는 사람의 헛된 욕심이 먼저 자신의 판단을 흐리게 만들고 사기 치는 사람의 허점을 가려주는 것이다. 자신을 정확하고도 공평하게 느낄 수 있어야 투자사기도 피하며 자신이 시작한 일을 더욱 실효성 있게 추진할 수 있는 법이다.

다섯째, 일을 느껴야 할 때

무엇을 할 수 있는지, 무엇을 잘할 수 있는지 또는 하면 안 되는 일인지 느낄 수 있어야 한다. 대우그룹의 창업자인 김우중 씨는 어릴 때부터 의류수출에 관한 일에 흥미를 느꼈지만, 회사에 취직해 봉급자 생활을 했다고 한다. 그러나 미련을 버릴 수 없어 회사를 그만두고 해외무역사업을 창업, 몇 해 안 되어 대기업으로 성장할 수 있었다.

1980년대 '꼬방동네 사람들'로 데뷔해 한국영화계를 주름잡았던 배창호 감독은 연세대 경영학과를 나왔지만, 영화를 만들고 싶어 감독으로 전환하여 첫 작품을 대성공으로 마쳤다. 1960년대 영화배우인 신영균 씨는 치과대학을 나왔지만, 배우가 되고 싶어 배우의 길을 택하고 불세출의 배우가 되었다. 최경주 씨는 역도선수에서 골프선수가 되어 세계를 제패하고, 서울의대를 졸업한 안철수 씨가 IT기업인으로 성공할 수 있었던 것은 그 일에 대한 어떤 느낌을 가졌기에 가능한 일이다.

흥미를 느껴 시작하는 일은 거의 성공할 확률이 높음을 알 수 있다. 대부분 실패하는 사람을 보면 남을 무작정 모방한다든가 일을 무턱대고 시작하는 경우가 많다.

운전 시 우리는 오감을 넘어 육감을 동원하여 운전한다. 앞의 차, 뒤의 차, 옆의 차, 반대선의 차가 어디로 튈지를 오로지 깜박이등과 같이 보이는 것, 즉 오감에만 의존한다면 교통사고를 면할 수 없다. 육감을 통해서 다른 차들이 어떻게 움직일지를 미리 추측 판단해야 한다.

만일 한곳만 주시한다든가, 다른 생각을 한다든가, 대화를 한다든가 등 한곳에 몰입하면 여러 곳에 분산되어 느껴야 하는 육감이 줄어들어 사고나 돌발 상황을 캐치업catch up하기 힘들 것이다. 오감이 아니라 육감으로 운전하는 사람이 베스트 드라이버.

이상 5가지 육감대상을 하나라도 빠뜨리면 소기의 성과를 이루기 어렵다.

상황을 느껴야 전체의 판세를 읽을 수 있고,
동향을 느껴야 어떻게 변화될지 알 수 있고,
사람을 느껴야 든든한 동맹자를 구할 수 있고,
자신을 느껴야 자기 능력으로 할 수 있는 지 알 수 있고,
일을 느껴야 목표를 설정할 수 있는 것이다.

육감 대상, 즉 상황, 동향, 사람, 자신, 일을 완벽하게 느껴 천하를 바

꾼 불세출 인물이 하나 있다. 널리 알려져 있지 않고 영웅의 뒤편에 가려
져 있는 인물이지만, 그의 행적을 보면 감탄을 금하지 않을 수 없을 정
도로 뛰어나다. 대부분의 영웅들이 시대가 만들거나, 절치부심 노력과
인내를 하거나, 운으로 성취되는 경우가 대부분이나 이 인물은 육감을
철저하게 느끼고 행동함으로써 위대한 업적을 남긴 것이다.

누구일까? 우선 5가지 측면에서 느끼고 이룬 업적을 살펴보면 이 인
물이 누구인지 짐작할 수 있을 것이다.

1. 상황 측면

2400년 전 중국이 여러 나라로 쪼개져 문화, 언어, 말, 관습, 법률이 달
라 필연코 누군가에 의해 천하통일이 이루어져야 하는 판세를 느끼다.

2. 동향 측면

국가별로 물건 값이 다른 점을 이용하여 큰돈을 벌던 상인이었는데,
여러 나라를 왕래하면서 자연히 각 국가의 국력, 정치상황, 왕실 내막의
정보를 관찰할 수 있었다. 여러 국가 중 진나라의 국력이 천하의 주인임
을 느끼다.

3. 사람 측면

조나라 수도에 들렀을 때 인질로 있던 진나라의 태자 자초를 우연히
보고는 직관적으로 운명의 여신을 느낀다. 그리고 그를 왕자로 책봉하기

위해서는 당시 진나라 왕의 첩인 화양부인과 진나라 신료와 빈객들을
자기편으로 만들 필요를 느끼다.

4. 자신 측면

진나라의 화양부인과 신료들을 자기편으로 만들기 위해서는 경제적
원조가 필요한데 자신은 상업으로 그동안 많은 재물을 모아 놓았기에
자신의 능력 안이라 느끼다.

5. 일 측면

농사를 지으면 10배 수익을 거둘 수 있고, 장사를 하면 100배 수익을
거둘 수 있지만, 사람 장사를 하면 그 이익이 무한정임을 느낀다. 진나라
태자 자초를 왕으로 옹립하여 중국 천하통일을 꿈꾼다.

그는 위 5가지에 해당하는 육감을 발휘하여 목표를 이루고 천하의
대업적을 이루었다. 그 인물은 바로 최초로 중국천하를 통일한 진시황이
있게 한 여불위라는 인물이다.

영국의 유명한 추리 소설가 아가사 크리스티의 단편집 소설 《화요일
클럽의 살인》을 보면 명탐정인 미스 마플이 어느 다정한 부부를 보고
'나는 그 부부를 처음 본 순간부터 남편이 아내를 죽이려 한다는 것을
느낄 수 있었다'라는 말이 나온다. 바로 미스 마플이 느꼈던 육감이 모
든 사건을 해결해 주는 단서가 된 것이다.

　19세기 스코틀랜드 의사 조지프 벨 박사는 진료 받는 환자의 과거, 현재의 직업을 다 알아맞혔다. 사소한 행동이나 차림새를 관찰해 과거 혹은 현재의 생활을 추리할 수 있었다 한다. 즉 단서 하나로 전체를 헤아리고 작은 실마리에서 많은 것을 그려 낼 수 있는 것이야말로 육감의 단적인 예다.

　벨 박사의 제자인 소설가 코난 도일이 벨 박사를 본떠 《명탐정 홈즈》를 탄생시켰다.

　하지만 어설픈 육감은 유용한 게 아니라 거꾸로 악용되는 실패의 열쇠이다. 바른 육감과 어설픈 육감. 이 2가지 육감은 다음과 같은 조건에 의해 구분된다.

　육감의 기저에 '선입견+편견+자만심+자신감 결여'가 더해지면 어설픈 육감이 되고, 반대로 이 조건들이 배제되면 유용한 바른 육감이 된다.

1. 다가오는 사건은 절대 혼자 오는 법이 없다. 그림자를 먼저 던진다.

2. 현재의식이 1%라면 잠재의식은 99%이다. 잠재의식이 말이라면 현재의식은 말에 올라탄 기수이다. 힘차게 달리고 뛰는 것은 말이고, 기수는 단지 방향만 가리킬 뿐이다.

3. 99%의 노력과 1%의 육감으로 이루어진다면, 노력에 의한 99%는 1%의 육감에 의해서 성공의 열매를 맺는다.

4. 첫인상이 중요한 것은 바로 육감이 작동하기 때문이다.

5. 육감이란 이유 없이 바로 느끼는 것이다.

6. 사자의 발톱을 보고 사자의 모습을 짐작할 수 있어야 한다.

7. 코끼리를 만진 맹인 5명 중의 평가(몸체를 만진 맹인-벽 같다, 코를 만진 맹인-뱀 같다, 귀를 만진 맹인-부채 같다, 상아를 만진 맹인-뿔 같다, 다리를 만진 맹인-통나무 같다) 중 한 명의 의견을 듣고도 코끼리의 전체 모습을 짐작할 수 있어야 한다.

why why why why
man이 되어라

급변하고 경계가 없는 무한경쟁시대에서 승리하는 최대의 무기는 아이디어다. 아이디어 하나로 수천만 명을 먹여 살리고 라이프스타일을 바꾸는 세상이 온 것이다.

그렇다면 아이디어를 어떻게 하면 쉽게 *끄집어* 낼 수 있을까? 목표를 향해 아이디어 권총의 방아쇠를 자꾸 당기면 된다. 적중하든 말든 관계없다. 오히려 오발탄에서 더 좋은 아이디어가 나오는 수가 있다.

이 방아쇠의 이름은 다름 아닌 바로 '호기심'이라는 것이다. 호기심이 발로되면 사물의 실체와 존재 이유를 알게 되고, 과거로 소급하여 현재가 있게 된 원인, 미래의 결과까지 추측하는 생각의 힘이 생긴다. 생각은 생각에 꼬리를 물고 생각나는 것이므로 생각하면 할수록 더 생각나는 것이다. 전선줄 위에 어디선가 새가 날아와 앉듯 이 생각의 꼬리선 위에 번뜩이는 아이디어라는 참새가 어느 날 갑자기 날아와 앉게 된다. 하늘에서 조각조각 떠다니며 구체적인 형상이 잡혀지지 않는 아이디어의 편린들이 생각의 꼬리선 위에서 형상을 갖추며 앉게 되는 것이다.

자 그러면 이 호기심 연습을 해보자. 세상만사에 why라는 물음이 없는 것은 없다.

1. 비행기 이착륙 시 실내 불을 끈다. why?

2. 빌딩의 출입구는 대부분 회전문이다. why?

3. 여객비행기에는 낙하산이 없다. why?

4. 세수대의 배수관은 U자형이다. why?

5. 아기가 태어날 때 '응애' 하고 운다. why?

6. 저격수의 총은 소음기가 없다. why?

7. 어린아이가 교통사고를 잘 당한다. why?

8. 얼굴 표정은 다양하다. why?

9. 갓난아기는 침을 많이 흘린다. why?

10. 바람이 분다. why?

호기심의 문을 열기 위해 수많은 열쇠를 끼워보고 돌려보자. 정답을 맞추는 것은 큰 의미가 없다. 정답을 알게 되면 정답만을 보게 되고, 새로운 시각을 막아버려 오히려 사고방식의 협소를 가져온다.

이 시대의 아이디어는 정답보다는 어설픈 답, 엽기적인 답, 유머러스한 답, 역설적인 답들이 모여 새로운 아이디어로 탄생되기 때문이다. 호기심의 문을 열려면 다음 2가지를 병행해야 한다.

우물을 파기 위해 여러 개의 구멍을 곳곳에 파는 식이다. 파다 보면 물도 나올 것이고 석탄, 석유, 광물 등이 나올 수도 있다. 목표한 물이 아니더라도 더 좋은 대체 목표가 이루어질 수 있다.

여러 개의 우물을 파면서 각각의 우물에 어떤 것이 있고, 어떤 우물에 집중할 것인지 그리고 어떻게 발굴하고 생산·가공·판매할 것인가에 대한 심층적인 견해를 가질 수 있다.

수평적 사고를 먼저 한 다음 수직적 사고를 하면 입체적(3차) 사고에 다다를 수 있어 아이디어가 나올 수 있는 밭이 만들어진다. 여기에 '시간'이라는 요소가 가미(4차원)되면 반드시 좋은 아이디어가 나온다.

1. 모든 사물과 관념에 호기심을 가지되 정답을 맞추지 마라. 정답
   을 맞추면 호기심의 한계선이 생긴다.

2. 호기심이 바닥도 천정도 없는 무한한 것이어야 끊임없는 재창조
   의 삶이 나온다.

3. 호기심의 호(好)는 좋을 호 자다. 좋아하는 사물에 호기심을 가
   져라.

물이 없으면 생명과 사물이 존재하지 않는다. 그만큼 세상에 물만큼 중요한 위치를 차지하는 물질이 없다. 아무리 탄탄한 바위라 하더라도 소수량의 수분은 반드시 함유되어 있다.

물의 구성분자를 보면 H_2O, H수소 2개와 O산소 1개가 결합되면 액체 상태의 물이 되고, 분리되면 기체가 된다. 또한 0도 이하에서는 고체인 얼음이 되었다가 서서히 녹으면서 액체인 물이 되고, 100도 이상이 되면 끓기 시작하여 기체인 수증기가 된다.

수소와 산소라는 두 원자가 이렇게 다양한 형태의 물질로 변화하면서 세상을 요지경 상태로 만들어내는 것은 경이로운 것임에 틀림없다. 이 경이로운 물질인 물의 속성을 되새겨 인간경영의 가이드 라인으로 삼는다면 지구상에 현존하는 최고의 비법이 될 것이다.

'상선약수上善若水'

'최상의 방법은 물과 같은 것이다'라는 뜻인데, 물은 이 세상을 다 수용하기도 하고, 다 휩쓸어 버리기도 한다. 또한 생명을 앗아가기도 하고, 탄생시키기도 하고, 머물게 하기도 한다. 더구나 자신의 일부분인 산소를 통해 불이라는 반대개념의 물질을 만들어내기도 하고, 거꾸로 몸을 내던져 그 불을 끄기도 한다.

법(法) 자를 보라. 물수(水) 변에 갈 거(去) 자다. '물이 흐르는 것이 법'이란 뜻이다. 물의 속성을 크게 3가지로 나누고, 배울 점을 찾아보자.

첫째, 어떤 모양의 그릇에도 담아지고 형태도 달라진다.

→ 규칙 및 규범은 없다. 끊임없이 변화하는 상황에 따라, 때와 장소에 따라, 자신의 생각과 사고와 행동을 변화시켜라.

둘째, 흐를 때 서로 다투지 않고 질서를 맞춘다.

→ 남을 이기려 하면 견제 받는다. 욕심을 내 나 홀로 질주하면 넘어진다. 함께 가야 멀리 갈 수 있고 더 큰 힘을 낼 수 있다.

셋째, 조금이라도 틈새가 있으면 흐를 수 있다.

→ 블루오션에서 좋은 사업 아이디어가 떠오르면 치밀하고 신속하게 판단하여 행동에 옮긴다.

위와 같은 인간경영의 틀을 가장 잘 이용한 사람은 바로 최초로 세계를 정복한 몽고의 칭기즈 칸이다. 필자는 궁금했다.

유목민인 몽고인의 군사라고 해봐야 고작 10만 명에 불과했다. 제대로 군사훈련을 받지 않은 10만 명의 병사로 수천만 명에 해당하는 전 세계 병사를 어떻게 이길 수 있었겠는가? 그야말로 불가사의다. 이 불가사의한 세계 정복의 힘은 어디서 나왔는가? 필자는 수십 번의 몽고 답사와 문헌, 몽고인들의 구전을 참고해 다음과 같은 결론을 도출했다.

바로 '물水'이었다. 칭기즈 칸은 전쟁에서 복잡한 규칙과 규범을 만들어 싸운 게 아니라, 모든 병사들이 스스로 물과 같이 알아서 싸우는 자유자재의 전법을 구사했다고 한다.

상황과 때, 장소에 맞춘 임기응변의 전법이야말로 적이 예상 못하는 가장 강력한 전법인 것이다. 규칙에 얽매이지 않은 100명의 군사는 규칙에 얽매인 군사 만 명을 능가하고도 남는다. 규칙에 얽매이지 않은 100명의 군사는 100개의 머리로 움직이는 반면, 규칙에 얽매인 만 명의 군사는 한 개의 머리로 움직이기 때문에 변화무쌍한 싸움에 약할 수밖에 없다. 그래서 10만 명의 적은 군사로 수천만 명의 전 세계 군사와 싸워 승리할 수 있었다.

본래 몽고인들은 유목민들이다. 유목민들이야말로 물과 같이 흘러가는 강한 민족들이다. 그리고 칭기즈 칸은 물을 가장 중요시했다. 물의 원천인 강에 오물을 버리거나 오줌을 누는 행위는 엄벌에 처했고, 적군의 성을 공격할 때 적들이 성문을 닫아걸고 수성에 들어가면 즉각 성 주위의 지하수 흐름을 파악, 차단했다. 그리고 가만히 포위만 하고 있었다.

적들은 식수가 끊기고 공포에 휩싸여 스스로 성문을 열고 투항했다. 이처럼 물은 생명의 원천인 까닭에 없어서는 안 되는 것이지만, 한편 물을 공급받지 못할 경우에는 공포를 조성하는 최고의 무기가 되기도 한다.

우리 몸의 70% 이상이 물이다. 곧 '물'이 '나'이다. 따라서 물의 속성을 따라하지 않으면 정신도 신체도 망가지고 창의성, 추진력도 약해진다. 반대로 물의 속성을 따르면 정신도 신체도 건강해지고 창의성, 추진력도 배가 된다.

'성城에 안주하는 자는 곧 망한다. —칭기즈 칸'

여기에서 성城이라 함은 정신적 성城, 육체적 성城을 말한다.

정신적 성城은 유연성性과 민감성性을 가둬 놓는 울타리다. 둔감성과 고정성의 성향이 유연성과 민감성을 가두어 놓는다.

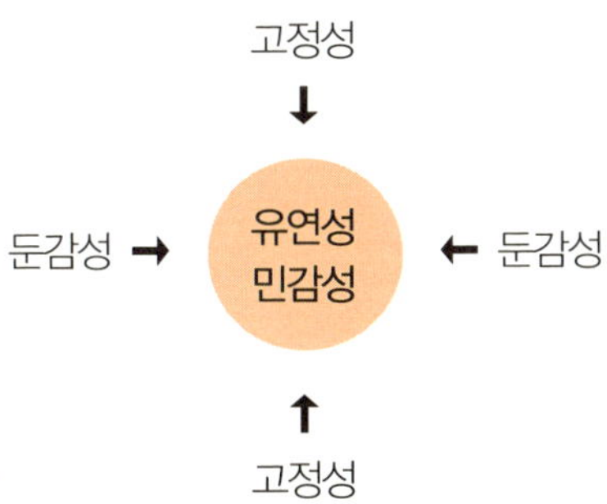

육체적 성城은 신체의 활동성性과 이동성性을 가두어 놓는 울타리다. 고착성과 무사안일의 성향이 활동성과 이동성을 제약한다.

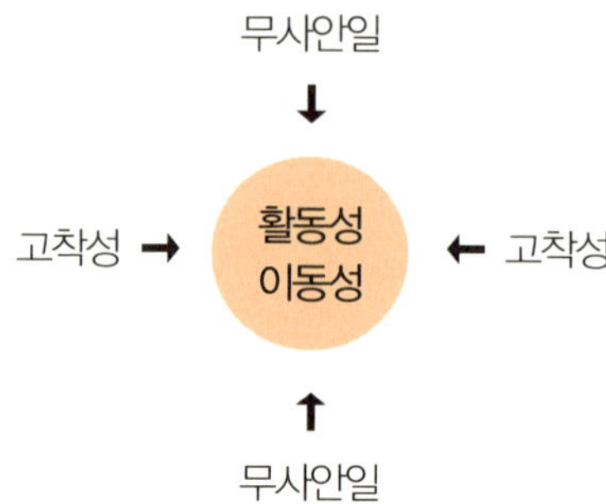

　정신적 성城과 육체적 성城을 물과 같은 속성으로 허물어뜨릴 수 있다면 제2, 제3, 제4의 코기즈 칸(코리안 칭기즈 칸)이 세계 정치, 경제, 산업, 문화계에 큰 족적을 남길 수가 있는 것이다.

Point

1. 물을 따르지 않으면 그 대가는 죽음과 실패뿐이다.
2. 경쟁자보다 라이벌이 더 무서운 까닭은 라이벌은 상대방을 이기려 하지 않기 때문이다. 라이벌은 물이고, 경쟁자는 불이기 때문이다.
3. 물의 속성을 한마디로 다르게 표현하면 상식常識과 일맥상통한다.

불쌍한 것은
불쌍不雙한 것이다

애플의 스티브 잡스는 불쌍한 CEO다. 독재적, 외톨이경영으로 일대혁신을 이루었지만 이로 인한 스트레스로 생명이 단축됐다. 포스트 잡스 시대는 여러 쌍雙이 함께하는 팀워크가 잡스를 대체할 것이다.

'이것이 있으면 저것이 있고, 이것이 없으면 저것이 없고, 이것이 일어나면 저것이 일어나고, 이것이 사라지면 저것이 사라지는 것'이 세상의 연기론緣起論이다. 세상의 순환이 독자적으로 움직이는 것이 아니라, 원인에 기인하여 생사소멸되는 것이 이치다. 독자적인 힘보다는 여러 원인에 기인하여 일어나는 힘이 더 강하고 끈질기다.

세상을 살아가는 데는 순간적이고 독자적인 힘보다는 끈질긴 여러 원인에 의한 힘이 더 중요한데, 이것을 가지려면 여러 사람의 힘이 필요하다. 결국 팀워크만큼 완전무결한 힘은 이 세상에 없다.

개미, 거미, 찌르레기, 벌을 보자. 이 곤충들은 작아 힘이 없을 것 같아 보이지만, 뭉치면 세상에서 가장 강한 것이 된다. 몸길이 0.6cm에 불과한 개미들이 새까맣게 떼를 지어 몰려들면 밀림의 왕인 사자, 코끼리도 모두 달아난다. 거미들이 수백 마리 모여 거미줄을 치고 뭉치면 사자도 잡을 수 있다.

찌르레기가 가장 무서워하는 적은 매이고, 매가 가장 무서워하는 적은 찌르레기라고 한다. 매가 가장 무서워하는 적은 찌르레기 한 마리가 아니라 한 무리의 찌르레기다. 매는 사냥할 때 높은 곳에서 하강하며 먹잇감을 낚아채기에 찌르레기들은 매가 자신들의 떼보다 낮게 날면 위협을 느끼지 않아 느슨하게 각각 퍼져 날지만, 자신들보다 높게 날면 똘똘 뭉쳐 대적한다고 한다. 느슨한 독립형 구조에서 빽빽한 무리로 뭉쳐 힘을 모으면 아무리 강한 매라 할지라도 여기에 부딪쳐 치명상을 입을 수 있기 때문이다.

벌이 떼 지어 몰려오는 광경은 그야말로 위협적이다. 포식자들인 사자, 호랑이, 표범, 치타, 하이에나 등을 보자. 사자와 하이에나는 팀워크로 사냥을 하고, 호랑이, 표범, 치타 등은 혼자서 먹잇감을 사냥한다. 팀워크로 사냥하는 사자, 하이에나 등은 생존번영을 누리지만 혼자 사냥하는 호랑이, 표범, 치타 등은 생존 위험은 물론 개체 멸종의 단계까지 이르고 있다.

항아리에 한 무리의 개구리가 갇혀있다. 모든 개구리가 항아리를 탈출하기 위해 뿔뿔이 퍼져 애쓰지만 번번이 밑으로 떨어져 한 마리도 탈출하지 못한다. 그러나 팀워크를 발휘해 30%의 개구리가 밑에서 엎드리고, 나머지 70%의 개구리가 그걸 딛고 탈출한다. 바깥으로 나간 70%의 개구리가 바깥에서 항아리를 밀고, 탈출 못한 30%의 개구리도 안에서 밀어 넘어뜨리면 모든 개구리가 탈출할 수 있다.

깜깜한 골목길을 가다가 여러 사람이 모여 있으면 위협을 느낀다. 필자가 고등학교 3학년 때 당시 서울대에 몇 명의 합격자를 배출해내느냐에 따라 전국 고교의 순위가 매겨져 순위경쟁이 치열했다. 서울대 입시 날 시험장으로 갈 때는 고교에서 버스를 대절해 버스 옆에 '서울공대행, 서울고'라는 플랜카드를 내걸고 무리로 간 기억이 난다. 시험장에서 400명 정도가 우르르 내리면 지방에서 홀로 올라온 타학교 출신들의 학생들은 이 광경을 보기만 해도 으레 겁부터 먹어 제 실력을 발휘하지도 못했다고 한다. 자연 서울고는 실력 이상의 합격자들을 배출했다.

조폭, 국가끼리의 전쟁에서도 무리를 이룬 사람의 머릿수가 많을수록 승산이 높음은 부인할 수 없는 사실이다. 거제도의 거가대교, 100층 이상의 고층빌딩, 크루즈, 고속철도, 우주선 등 어느 하나 완벽한 팀워크에 의하지 않고 이루어진 것은 없다.

팀워크는 프로젝트의 종류와 상황(나이, 시대, 팀원 성향)에 따라 짜임새와 구조를 PC형태와 CC형태로 자유롭게 쌍방향으로 변화시킬 수 있다.

PC(Physical Combination) 물리결합

CC(Chemical Combination) 화학결합

PC는 결합되어도 원래 성질을 가지고 있고, 분리되면 원래대로 돌아가는 가역성 구조이다.

㉔ 설탕물

CC는 결합되면 원래 성질과는 다른 성질을 내고, 분리되기도 어렵고, 원래대로 돌아가지 못하는 비가역성 구조이다.

㉔ 소금(염화이온과 나트륨이온이 결합하면 소금이 되지만, 분리되면 아무 맛도 나지 않는다.)

최상의 팀워크 효과를 보려면 원래대로 가지 못하는 CC형태가 좋고, 차선의 효과로 원래대로 돌아가야 된다면 PC형태가 바람직하다.

어디까지나 처해있는 상황에 따라 팀워크의 운용을 적절히 해야 할 것이다. 로마제국의 케이자르가 런던을 공격할 때 타고온 군함을 모두 불 질러 이기지 못하면 원래대로 돌아가지 못하게 배수진을 쳐 큰 승리를 거둔 것은 CC형태의 절묘한 팀워크 운용이었고, 조선시대의 임진왜란 시 사명대사가 승병을 모집해 나라를 구하고 다시 절로 돌아가 불교 중흥을 위해 힘썼던 것은 PC형태의 절묘한 팀워크 운용이었던 것이다.

홀로는 절대 장군이 될 수 없다는 '독불장군獨不將軍'이란 사자성어가 새삼 팀워크의 중요성을 일깨워 주는 것 같다.

1. 아무도 섬이 될 수 없다. 섬에는 생명이 살 수 없다.

2. 팀 내에는 리더십보다 팔로어십이 더 중요하다.

3. 팀원은 상호 영향을 끼치는 사다리 관계다.

공룡을 죽이고
재탄생 시키는 법

한때는 이 지구상에 유일한 지배자로 군림했던 공룡恐龍, 글자 그대로 공포에 떨게 했던 무시무시한 포식동물로 알려져 있다. 그런데 그 강력한 동물이 지금은 가끔 발굴되는 화석이 된 뼈를 제외하고는 흔적조차 찾아볼 수가 없다. 왜 천적도 없이 지배자로 있었던 공룡이 일순간 사라져 버렸을까? 학자들이 주장한 멸종원인을 살펴보면 크게 다음과 같다.

1. 거대한 운석과의 충돌로 대기가 먼지로 뒤덮여 햇빛이 차단되었고, 심각한 저기온으로 멸종되었다는 설.
2. 지구상의 절대 지배자로 위치함에 따라 먹이가 부족해 굶어죽었다는 설.
3. 새로운 세균에 면역체계를 갖추지 못하고 죽었다는 설.
4. 지구상의 홍수 및 지진 등의 천재지변에 멸종되었다는 설.

여러 설이 난무하지만 공룡이 살았던 옛날로 돌아가 보지 않고는 진실은 아무도 알 수 없다. 여기에서 한 가지 주목할 사실이 있다.

공룡은 생김새가 특별하다. 목, 다리, 몸통, 꼬리 등에 비해 머리 부분이 굉장히 작다. 비례적으로 따져보고, 다른 생물들과 비교해도 그렇다. 그런데 머리의 크기는 뇌 수준을 판단하는 바로미터다. 변화하는 주위 환경에 살아남는 생존능력은 얼마나 환경에 적응해 진화가 잘되었느냐의 여부에 달려 있다.

인간이 지구의 주인이 될 수 있었던 것은 단순히 네 다리가 아닌 두 다리로 걷고, 두 손으로 작업하는 행태로 진화했기 때문이다. 이는 머리로 사고할 수 있었기 때문에 가능했다. 복잡한 환경에 적응하기 위해서는 복잡한 사고가 가능해야 한다.

몸 전체의 총사령실인 뇌는 끊임없이 환경과 몸 전체의 상호관계를 파악하여 분석하고, 검증하여 새로운 구조와 생존방법을 터득함으로써 진화할 것을 몸에 지시하고 이끈다. 그래서 뇌는 생물의 전략기획실인 것이다.

그러나 공룡은 어떤 이유인지는 몰라도 진화하지 못했다. 진화하지 못

함은 바로 몸통에 비해 너무 작은 기능의 뇌구조에 기인한다고 봐야 할 것 같다. 전략기획실부문이 거의 전무하고 집행부서 부문이 많은 공룡은 변화하는 환경에서 살아남을 수 없는 신체구조를 타고 난 것이다.

다른 말로 표현하면 너무나 큰 하드웨어에 비해 작은 소프트웨어로 무장한 공룡은 적절한 기간 내에 환경의 변화에 적응할 진화의 소프트웨어를 만들어 내지 못하고 멸종한 것이다. 영화 〈쥐라기 공원〉에 나오는 것 같이 우리가 옛날의 공룡을 유전자 조작을 통해 재탄생시킨다면 옛날 모습대로 할 것이 아니라, 새로운 모습으로 진화되어 생존할 수 있도록 복원시켜야 할 것이다. 공룡을 생존 가능한 모습으로 재탄생시키려면 우리는 과감히 공룡에 키스하고 섹스해야 한다.

Kiss → Keep It Simple, Speedy(간단하고, 민첩하게)
Sex → Structure EXchange(구조 변화)
키스하고 섹스한 후의 모습을 그리면

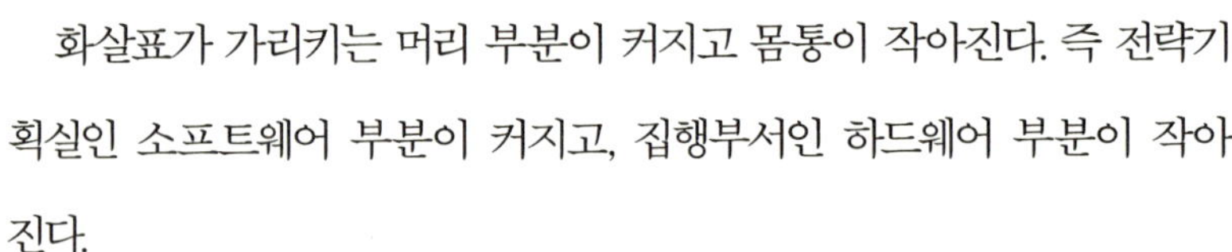

화살표가 가리키는 머리 부분이 커지고 몸통이 작아진다. 즉 전략기획실인 소프트웨어 부분이 커지고, 집행부서인 하드웨어 부분이 작아진다.

자연과 기업은 모두 급변하는 미래 환경에 큰 영향을 받는다. 미래 환경의 특징은 다음과 같다.

1. 불확실 2. 변화 3. 복잡 4. 애매함

환경에 맞추어 진화되어야 살아남을 수 있다. 진화를 가능하게 하는 것은 유연한 사고와 조직이다. 정형화된 하드 스킬보다 이미 존재하는 많은 지식을 재구성 및 종합하고 응용하는 소프트 스킬이 더 중요하다. 따라서 머리야말로 모든 유기체를 강하게 생존시켜주는 전략기획실이요, 총사령실이요, 진화를 빠르게 해주는 유연성을 창조하는 곳이다.

Point

1. 유연성을 최고의 모토로 한다.

2. 전략기획기능을 구비하도록 조직을 바꾼다.

3. 전략기획기능에 필요한 지식, 정보, 경험을 축적한다.

4. 의사결정, 집행절차는 빠르게 한다.

5. 불필요하고, 비효율적이고, 중복되어 있는 기능은 제거한다.

1970년대 전 세계의 음악팬을 사로잡았던 영국의 유명한 보컬그룹 비틀즈. 그들의 노래 중 'Let it be'만큼 우리들의 심금을 울리는 노래는 없는 것 같다. 그들의 가사를 한번 음미하며 들어보자.

when I find myself in times in trouble

mother mary comes to me

speaking words of wisdom

Let it be

And in my hours of darkness

She is standing right in front of me

speaking words of wisdom

Let it be

필자는 위 노래를 들으면 약 30년 전이 떠오른다. 대우그룹의 기획조정실에 근무할 당시 설악산에 있는 뉴설악호텔의 경영분쟁 건이 생겼다. 뉴설악호텔은 당시 피곤을 달래기 위해 설악산에 자주 들렀던 박정희 대통령이 대우그룹의 김우중 회장에게 관광공사와 합작해서 설악산에 호텔을 하나 건립하고 운영할 것을 지시해 지은 것이었다. 이에 따라 대우가 70%, 관광공사가 30% 지분을 투자하였다.

1979년 오픈하면서 대우그룹이 단독 경영했지만 수익이 저조하여 매년 큰 적자를 감수했다. 그룹 전 직원들의 신혼여행, 각 계열사들의 지원 등 별의별 정책을 다 동원했지만 흑자를 시현하기 어려웠다. 전반적인 경영진단 끝에 나온 정상화 방안이 결손금의 감자 처리 후, 유상증자를 통해 관광공사 지분을 없애고 그룹차원의 대폭적인 지원을 하자는 것이었다. 그룹의 대규모 지원을 퍼부어 정상화시키는 마당에 관광공사에게 그 실익을 줄 필요가 없었기 때문이다.

그러나 관광공사는 지분투자금액의 99%가 결손금으로 소각되면 장부상 큰 투자 손실을 반영해야 했다. 경영에 참여하지도 못했고 가만히 앉아서 고스란히 엄청난 손실을 떠안는다면 이는 공사사장의 책임이 따랐기 때문에 관광공사는 고문법무법인을 대리인으로 내세워 자본감자의 절대 반대를 주장했다.

자본감소 절차는 상법상 전체 주주의 3분의 2 이상 찬성을 얻어야 하는데 대우그룹 측이 이미 70%를 가지고 있어 특별한 사정이 없는 한 의결이 가능했다. 필자는 이사회 소집통보, 이사회결의, 주주총회소집통보, 주주총회의결을 거치는 절차를 진행하였다. 3일 후 주주총회 의결날이 다가왔다.

관광공사 변호인 측은 의결 투표수로는 막을 방법이 없는 바, 절차상의 하자를 찾아 취소나 무효소송을 하는 묘수를 강구했다. 대우그룹 측도 주도면밀하게 절차를 진행하여 일방적인 자본감소를 밀어붙였다. 무슨 일이 있어도 반드시 감자해야 한다는 김우중 회장의 특별지시도 필자에게 떨어졌다. 필자는 법률상 아무 문제가 없다는 언질을 여러 번 회장에게 보고해 자신만만했다.

그런데 필자에게 큰 난관이 닥쳤다. 상법상 이사회소집통보는 회의일자 7일 전에 해야 하는데 여직원의 실수로 6일 전에 했던 것이다. 앞이 캄캄했다. 이는 엄연히 소집통보절차를 어겨 취소나 무효의 사유가 됐던 바, 털끝만치라도 흠을 찾아내 취소나 무효로 몰고 가야 하는 관광공사

입장에서는 그야말로 하늘이 내려준 대우 측의 실수였다.

그후 필자는 두문불출하고 식음을 전폐하고 고민했다. 관광공사 법률 전문가가 이를 모를 리 없어 그냥 추진하면 당장 무효소송이 제기됨은 불 보듯 뻔했고, 그렇다고 회장에게 절차의 하자와 주주총회를 연기하는 수밖에 없다고 보고하면 날벼락이다. 우체국에 내용증명을 발송한 신입 여직원을 탓해 봐야 책임을 면할 수 없을뿐더러 더 웃기는 일이었다.

성미 급한 회장의 노여움은 극에 달할 것이고, 그 불똥이 필자에게 미칠 것임은 뻔했다. 청운의 꿈을 안고 대우그룹에 입사, 승승장구하여 오른 최고사령실인 기획조정실 경영관리 부장의 직위에서 쫓겨나야 하니 하늘이 노랬다. 그보다는 작은 실수 하나로 그룹이 노심초사했던 정책이 물거품으로 돌아간다니 자존심이 더 상했다.

주주총회를 밀어붙이자니 관광공사 측의 무효소송 제기가 뻔했고, 회장에게 이실직고 말하면 당장이라도 사표 쓸 각오를 해야 했기에 이러지도 저러지도 못하고 도망 갈 구멍이 없어 정말 자살이라도 하고 싶은 심정이었다.

혼자 술집에서 슬픔을 달래고 있던 차 그때 갑자기 음악이 흘러나왔다. 바로 비틀즈의 'Let it be'였다. 뭔가 필자의 머리에 번뜩했다. 고민해 봐야 해결할 답이 떠오르지 않는 마당에, 내가 최선을 다해 할 수 있는 일은 그냥 '내버려 두자'는 생각이었다.

그 다음 날부터 주주총회 의결일까지 관광공사 변호인으로부터 아무런 연락이 없었고 자본감소의결은 대우 측 안대로 가결되었다.

나중에 안 일이지만 마침 그 관광공사 측 대리 변호인이 심한 중병에 걸려 필자의 실수를 꼬집어 내지 못했던 것이다. 그후 6개월이 지나면 절차 하자에 대해 소송 자체가 불가능해진다. 무사히 6개월이 지났고, 대우그룹은 전폭적인 뉴설악호텔 지원에 앞장설 수 있었다. 이렇게도 못하고 저렇게도 못하는 궁지에 몰린 경우, 우리가 할 수 있는 가장 최선의 정답은 'Let it be'다.

좁은 링 안에서 헤비급 챔피언과 결투를 한다고 예상해보자. 싸워봐야 죽도록 얻어터질 것은 뻔한 사실이고, 그렇다고 도망칠 수도 없는 상황이다. 이러한 경우 우리가 할 수 있는 일은 'Let it be'다. 나를 때려죽이든 말든 그냥 내버려 두는 것이다. 항거하지 않는 상대방을 치는 것만큼 재미없는 일은 없다. 결국 헤비급 챔피온은 싸울 명분도, 의미도 없어 주저앉게 될 것이다. 다음과 같은 영어글귀가 생각난다.

'If you can't fight, If you can't flee, just flow당신이 싸우지 못하고, 도망가지도 못하면 그냥 내버려 두라.'

Point

1. 일을 풀려하면 더 꼬일 때가 있다.

2. 일에서 도망치면 뒤쫓아 와 뒤통수친다.

3. 'Let it be'는 최선의 행동을 다했을 때를 전제로 한다.

4. 주식이 폭락하는 공포의 순간, 그것을 치유하려 하지 말고 내버려두라. 자연 치유가 반드시 된다.

인간의 자질을 나누면 상층, 중층, 하층으로 구분할 수 있고, 인간을 활용하는 데는 4가지의 도道가 있다. 헤아리는 측인側人의 도, 선발하는 선인選人의 도, 가르치는 교인敎人의 도, 쓰는 용인用人의 도가 그것이다. 즉 인간을 상중하로 헤아리고, 선발하고, 가르치고, 자질대로 적재적소에 활용하는 것이야말로 뛰어난 용병술이라 하겠다.

하층의 사람이 하층의 사람을 쓰면 만사에 되는 일이 없고 엉망이 된다.

하층의 사람이 중층의 사람을 쓰면 만날 빈둥거리고 놀며 시키는 일만 한다.

하층의 사람이 상층의 사람을 쓰면 일부러 거꾸로 일을 하든가 다 도망가 버린다.

중층의 사람이 하층의 사람을 쓰면 비효율적인 폐습이 늘어난다.

중층의 사람이 중층의 사람을 쓰면 플러스, 마이너스도 없다.

중층의 사람이 상층의 사람을 쓰면 잘못되는 일이 없고, 업무 개선은 되지만 큰 발전이 없다.

상층의 사람이 하층의 사람을 쓰면 어떻게든 꾸려갈 수는 있다.

상층의 사람이 중층의 사람을 쓰면 업무상 부족한 것을 채워주며 발전할 수 있다.

상층의 사람이 상층의 사람을 쓰면 용호상쟁의 피 튀기는 혈전이 벌어져 치고 박고 머리가 깨져 다 망한다.

따라서 상층의 사람이 중층과 하층을 모두 활용해야 큰 업무를 이룰 수 있고, 이 3가지 층이 반드시 조직 내에 존재해야 최고의 시너지 효과를 발휘할 수 있다.

상층이 올바른 방향과 비전으로 개혁을 이끌고, 중층은 방대한 업무량을 감당하고, 하층은 중층이 놓치고 있는 빈틈의 업무를 메워줘야 한다. 집의 담을 쌓을 때 상층이 설계와 지침을 구상하고, 중층이 벽돌을 층층이 쌓고, 하층이 벽돌 사이사이 틈을 시멘트로 메울 때 보기 좋고 튼튼한 담이 되는 것이다.

상층인 사람들끼리만 있다면 누가 벽돌을 층층이 쌓고 그 틈새를 시멘트로 메워줄 것인가, 중층인 사람들끼리만 있다면 누가 설계와 지침을 정하고 틈새를 메워 줄 것인가, 하층인 사람들끼리만 있다면 누가 설계와 지침을 정하고 벽돌을 층층이 쌓을 것인가.

밀림에서 동물의 전쟁이 벌어졌다면 용감무쌍한 전투원 사자 100마리로 팀을 이루는 것보다 무거운 것을 나르는 병참 수송자 코끼리, 전투원 사자, 멀리 동태를 볼 수 있는 기린, 수색대원 쥐들이 합쳐 팀을 이루는 것이 더 강하다.

미국 최고의 해병대 수색팀이나 소방대원팀을 살펴보면 키 185cm 이상, 체중 100kg 이상인 사람만 있는 것이 아니라 신장은 165cm에서 190cm, 체중은 55kg에서 120kg 사이에 있는 사람들로 구성되어 있다고 한다. 실제 다양한 구성원들로 이루어진 팀이 가장 전투효율이 높다. 월남전 당시 미 해병대 소대들의 사상자들을 분석해보면 이러한 형태의 소대가 가장 사상자가 적었다고 한다.

구조대원들은 팀으로 출동한다. 예를 들어 아이가 좁은 틈에 빠지면 체격이 왜소하고 가벼운 사람이 밧줄을 묶고 들어가고, 덩치가 좋고 힘이 센 구조원은 바깥에서 끌어올리는 역할을 한다.

신체기관에 대한 재미있는 일화가 있다. 머리, 눈, 코, 입, 귀, 다리, 팔 등 신체 기관들이 모두 모여 각자 불만을 토로했는데, 그중 똥구멍이 가장 불만이 컸다. 똥구멍은 눈에 보이지 않는 그늘에 위치하여 온갖 더러운 노폐물을 내보내지만 한 번도 주인으로부터 별 귀여움을 받아 보지 못했다. 똑같은 휴지라도 얼굴에 쓰는 휴지와 똥구멍에 쓰는 휴지는 품질부터가 차이 난다.

머리, 눈, 귀, 코 등은 눈에 띄는 곳에 위치해 있어 매일 주인의 각별한 보살핌과 좋은 화장품을 바르고, 심지어는 큰돈을 들여 위험을 무릅쓰고도 성형수술을 하는 데 천대받는 똥구멍 입장에서는 여간 불만이 아니었다. 그래서 하루는 이제 지독한 냄새가 나는 하치장 일은 더 이상 못하겠다고 조물주에게 하소연하였다.

"제가 코, 입, 눈이 되어 뽐내고 싶어요. 제발 제 소원을 들어주세요."

조물주는 그 소원을 들어주었고, 똥구멍은 드디어 소원대로 눈, 코, 입이 되고 대신 눈, 코, 입이 똥구멍이 되었다. 똥구멍이 처음 눈, 코, 입이 되어 보니 보기와는 달리 해야 할 일도 많았고 복잡했다.

눈의 경우는 도저히 똥구멍의 둔탁한 근육으로는 대신할 수 없는 정교한 카메라 그 자체였다. 빛을 통과시켜 망막에 상을 맺히게 하고 그 상을 시신경이 해독해주는 고난도 기술이었다.

숨을 쉬는 일만 할 줄 알았던 코가 되어 보니 들어오는 온갖 세균을 걸러내고, 폐로 들어가는 공기의 온도, 습도 조절은 물론 무거운 짐인 안경도 걸치고 있어야 했다.

입은 뜨거운 것, 찬 것, 딱딱한 것 등 얼마나 먹어대는지 그 찌꺼기들이 치아에 붙어 썩게 만들어 하루 세 번 이상 청소를 해야 했고, 얼마나 말이 많은지 24시간 쉬는 법이 없었다. 더구나 왜 쓸데없이 냄새 나는 이성의 혓바닥과 침을 먹어야 하는지 도대체 이해가 안 되었다.

똥구멍은 그 기능을 수행할 수 없을 뿐더러 너무나 힘들고 고통스러워 조물주에게 다시 원래 상태로 돌아가게 해달라고 애원하였다. 똥구멍의 일과는 하루 한번 짧게는 10분, 변비가 있는 경우 길어야 30분만 근육을 쥐었다 폈다 하면 되고 그 다음에는 가끔 나오는 가스만 시원하게 내뿜어 주면 모든 게 끝이었다. 그리고는 하루 종일 푹 잠만 자는 행복한 업무였다.

한편 조물주의 뜻대로 똥구멍이 된 눈, 코, 입은 오랜만에 편한 업무를 수행하게 되었지만, 그 굵은 똥을 적절하게 잘라내고 밀어낼 힘도 기술도 없었다. 똥을 자르고 밀어내기 위해서는 괄약근이 필요한데 이러한 근육은 없고 연약한 조직만 있는 눈, 코, 입은 배출하지 못하는 냄새 나는 똥 때문에 고통이 말이 아니었다. 어느 순간 주인인 인간의 목숨까지 위태로워진 지경에 이르렀다.

똥구멍, 눈, 코, 입이 모두 제자리로 돌아가게 해달라고 조물주에게 애원하자, 조물주는 껄껄 웃으며 다음과 같이 말했다고 한다.

"내가 이 세상에 무언가를 창조할 때는 다 그 이유가 있다. 만일 그 이유가 없어진다면 스스로 존재도 없어지게 된다. 현재 존재하고 있다면 그 이유는 어딘가에 반드시 쓸모가 있기 때문이다. 나는 처음 자연을 창조했지만 그 다음부터는 존재이유에 따라 스스로 진화하도록 내버려 두었다. 그것은 바로 스스로 계속 자연을 발전시키기 위함이었다."

이 세상에 존재하는 것은 다 쓸모가 있다. 쓸모가 없어지면 진화과정에서 자연히 사라진다. 인간의 꼬리가 이를 여실히 말해준다. 꼬리가 환경의 변화에 따라 스스로 진화가 되어 쓸모가 있게 되었다면 지금 인간의 모습은 지금과는 많이 달라졌을 것이다.

이스라엘의 다윗이 적군에 추격당하고 있을 때였다. 막다른 동굴에 다다라 몸을 숨겼는데, 곧 거미 한 마리가 동굴입구에 거미줄을 쳤다. 동굴입구를 수색하던 적군은 입구의 거미줄을 보고는 동굴 속에 아무도 없는 줄 알고 물러갔다. 이에 다윗은 목숨을 건질 수 있었는데, 평소 하찮은 곤충으로 여겼던 거미 때문에 목숨을 건졌다는 사실에 하느님이 만든 세상의 창조물에 더욱 경외심을 가졌다고 한다.

생명을 빼앗는 세균과 병균은 인간의 숙적이지만, 동시에 세균이 없으면 인간은 존재할 수 없다. 하찮은 세균이지만 그 존재가치는 엄청난 것이다. 만일 이 세균이 없었다면 지금의 암컷, 수컷의 양성번식이 없었을 것이라는 게 생물학자들의 일반적인 정설이다.

처음 창조되었을 때는 간단한 단성번식의 형태를 취했을 것이나(현재 남녀 모두에게 여성 호르몬, 남성 호르몬이 모두 분비된다는 점이 태초 암수 한 몸이라는 설을 뒷받침해준다.) 생명을 위협하는 세균의 공격에 맞서서 생존하기 위해 강력한 면역체가 필요했을 것이다. 한 몸에 있는 똑같은 DNA로 번식하는 것보다 다른 몸체에 있는 DNA와의 융합을 통해 번식하는 것이 외부 세균에 대항하는 더 강력한 면역체를 만들 수 있기 때문이다. 이 결과 암수 한 몸인 생물이 암수 다른 몸으로 분리되었다는 것이다.

이처럼 상중하가 제자리에서 맡은 바를 충실히 할 때 조화를 이룰 수 있다.

상층 사람들끼리 모이면 더 우수한 실적을 낼 것이라 생각하는 것이 통례다. 그래서 모든 기업들이 앞다퉈 인재들을 뽑으려고 일류대학 졸업자를 선호하고, 실기, 인터뷰, 창의성 테스트, 열정도 측정, 적성검사 등 다양한 검사를 통해 신입사원을 뽑는다. 당연히 지방 대학 졸업자나 스펙이 좋지 않은 사람들은 이력서를 내는 것조차 큰 용기가 필요하다.

그러나 필자의 경험으로 볼 때 이는 확실히 잘못되어 있는 인식과 차별이다. 대우그룹 부장 시절 2주일 만에 완수해야 하는 중요한 프로젝트가 있었는데, 실수와 오류를 최소화하기 위해 3팀이 동시에 똑같은 프로젝트에 착수했다. 1팀은 일류대 출신의 우수한 상층사람들만으로, 2팀은 보통대학 출신의 중층사람들만으로, 3팀은 상층, 중층, 하층사람들로 골고루 짰다. 각 팀들이 2주일 간 환경 분석, 자료 수집, 대안 검토, 문제점 파악, 해결방안 등 방대한 업무에 돌입했는데 결과는 의외였다. 필자의 눈에 가장 띄는 보고서는 바로 3팀이 만든 것이었다.

1팀은 서로가 팀의 헤게모니를 잡으려고 열띤 논쟁만 계속되어 일의 진전이 없었고, 2팀은 보고서는 완성되었지만 참신함이 없었다. 그러나 3팀은 방대한 주변환경 자료수집과 더불어 철저한 분석에 획기적인 아이디어도 내놓았다.

대기업을 컨설팅하다 보면 삐걱대는 조직을 가끔 볼 수 있는데, 이 경우 대부분의 구성원들이 일류대 출신들이다. 대우그룹의 구성원들이 대부분 일류대 출신의 우수한 인력이었음에도 불구하고 붕괴되었음은 어쩌면 상중하의 평형원리를 찾지 못함에 그 원인이 있지 않을까 하는 생각이 들 때가 많다.

1. 직원을 뽑을 때 상중하의 개념을 이해하자.

2. 사회차별화의 부작용을 방지하는 데는 상중하 개념이 최고다.

3. 상상상, 하하하는 한쪽으로만 치우쳐 위험하다.

4. 중중중은 특별할 것이 없다. 상중하는 안정감을 준다.

청개구리 발상법

골치 아픈 일이 있어 머리를 식힐 겸 목적지 없이 여행을 시작했다. 터미널에서 행선지를 보지 않고 아무 시외버스를 탔는데, 공주행이었다. 공주에서 다시 눈에 보이는 아무 시외버스를 탔다. 비포장도로를 털컥거리며 2시간을 정처 없이 구름에 달 가듯이 타고 가다 보니, 어느덧 저녁노을을 등에 깔고 있는 한적한 풍경이 눈에 들어왔다.

뒷산과 앞내를 배경으로 산자락에 비스듬히 내려앉아 굴뚝에 흰 연기를 내고 있는 20호 정도의 마을이 보였다. 언덕 위에는 저녁노을이 형언할 수 없는 빛깔로 깔려있어 아름다웠다.

버스에서 내려 창밖에 비쳤던 그 시골마을로 접어들었다. 마을을 끼고 있는 산길을 하염없이 걸었다. 들리는 건 바람, 새 소리요, 그 자연의 소리가 비파 줄을 뜯는 것처럼 쭉 늘어선 소나무 사이를 할퀴고 지나가며 하모니를 이루어냈다. 어두컴컴해질 때가지 산비탈을 오르며 가쁜 숨을 토해냈다. 시간이 얼마나 흘렀는지도 모르는 사이에 어느 덧 주위는 칠흙같이 어두워 더 이상 걷기 어려웠다. 주위를 둘러보니 저 멀리 불빛 하나가 정처 없는 나그네의 설움을 부르는 듯 가물가물하게 보였다.

그 방향으로 발길을 옮긴지 약 30분 만에 불빛이 새어 나오는 흙으로 만든 조그만 암자를 발견했고, 너덜너덜한 창호지 방문 앞에서 주인을 불렀다.

"여보세요! 안에 누구 계십니까?"

아무 대답이 없었다. 그러나 초롱불이 홀로 하늘거리며 빛을 발하고 있다는 것은 누군가가 이 암자에 기거하고 있다는 흔적이었다.

"여보세요! 길 가는 사람인데요, 아무도 안 계세요?"

그래도 인기척이 없자 필자는 가만히 방문을 잡아당겨 보았다. 안에는 아무도 없었지만 사람의 체취가 있었기에 방 안으로 발을 들여놓았다. 둘러보니 숟가락, 젓가락, 놋그릇, 참기름, 간장, 고추장 등이 모퉁이에 어지럽게 널려있었다. 방바닥에는 불을 때었는지 아직 따뜻한 온기가 훈훈해 잠시 피곤한 몸을 누이자 이내 잠이 들었다.

순간, 갑자기 썰렁한 찬 기운이 온몸을 몰아치는 듯해서 반사적으로 눈을 번쩍 떠 주위를 돌아보니 아까 들어올 때 닫아 놓았던 방문이 빼꼼이 열려 있었다. 필자는 바람결에 열린 방문을 빡빡하게 닫은 후 또 다시 밀려오는 잠에 온몸을 맡겼다.

갑자기 한기와 소름이 끼치기 시작했다. 손으로 밀치지 않으면 열리지 않을 정도로 굳게 닫아 놓았던 문이 또 다시 활짝 열려 있었고 그 사이로 왱하는 바람소리가 밀려왔다. 정말이지 이번에는 머리카락이 곤두섰다.

바깥에 틀림없이 인기척이 있는 것 같아 필자는 용기를 내 누구냐고 소리 지르며, 방문을 열어젖히고 마루에 내딛어 섰다. 그러나 들리는 것은 나무 사이로 불어오는 강한 바람소리뿐이었다.

웽~ 웽~ 쌩~ 쌩~

"누구요? 나와 보시요! 저는 지나다가 어두워져서 잠시 쉬려고 왔습니다."

손에는 언제 들었는지 몽둥이 한 개가 쥐어져 있었고, 위급한 경우 한시라도 목표물의 정수리를 칠 만반의 준비 자세를 취하고 있었다. 혹시 구미호? 맹수? 무장간첩? 별의별 생각이 머릿속에 떠올랐다. 그러나 아무런 낌새가 없었고, 주위에 둘러싸여 있는 소나무 사이로 메워져 있는 까만 암흑 속에 악마의 혼령이 이쪽을 말없이 노려보고 있는 듯했다.

다시 방 안으로 들어간다는 것은 더 두려운 일이었다. 그보다는 바깥에서 날이 밝을 때까지 버티는 것이 제일 안전한 것 같았다. 필자는 알 수 없는 공포를 없애기 위해 천천히 암자 주위를 둘러보았다.

암자 밑에는 작은 지하가 있었다. 종이에 불을 붙여 삐거덕거리는 나무 계단을 내려가 보니, 향냄새가 진동을 했다. 벽에는 이상한 부적이 붙여져 있었고 바닥에는 관이 하나 놓여 있었다. 소름이 끼쳤지만 이런 암자에는 사람이 죽을 때를 대비해 관 하나쯤은 준비해 놓을 것이라는 생각에 천천히 다가갔다. 가만히 보니 반쯤 덮여있는 뚜껑 사이로 안에 뭔가 누워 있는 것 같아 보였다. 뚜껑을 열어보니 여자인형이 곱게 새 옷을 단장하고 누워 있었다.

다시 밖으로 나와 암자 주위를 둘러보았다. 암자 뒤 큰 소나무 가지에 뭔가 걸려 있었는데, 가만히 보니 목을 매달 수 있는 새끼줄이었다. 기분 나쁜 새끼줄을 내려놓기 위해 손을 내밀었다.

순간, 손을 낚아채려는 시커먼 손이 나무 사이로 튀어나왔고 놀란 필자는 무의식적으로 몽둥이를 휘둘렀다. 도망가는 사람의 모습이 어둠 속에 보였다. 방문 앞마루에서 뜬눈으로 있다가 어스름하게 해가 떠오르는 것을 보고 필자는 재빠른 걸음으로 산길을 내려왔다. 내려오다 보니 절 입구에 다다랐다.

"마하반야 바라밀다심경 조견오온……"

불경소리가 귓전에 울리며 마당 한가운데에서 낙엽을 쓸고 있는 스님을 발견할 수 있었다. 그 스님은 흘끗 필자를 보더니 말을 걸어왔다.

"이른 새벽에 산에서 내려오시네요. 혹시 그 암자에서 오신 것입니까?"

"예, 그렇습니다."

"어젯밤에 무슨 일이라도 있으셨습니까? 신도님 얼굴에 기가 다 빠져 있어요."

"스님, 한 가지 말씀 좀 묻겠습니다. 그 암자에 사람이 살고 있습니까? 인기척이 있었는데요."

"예, 그럴 겁니다. 그 암자는 본래 수도하시던 고승께서 떠나시고 비어 있다가 마을에 살던 처녀가 신병을 비관하여 목매달아 죽은 곳이에요.

그러자 그녀를 사랑하던 마을 총각이 매일 그 암자에 기거하며 그 처녀가 죽은 소나무에 새끼줄을 매달아놓고 자기도 죽는다고 난리를 피웠죠. 그러다 그 총각은 미쳐버렸어요. 낮에는 산중을 헤매다 꼭대기에서 '왜 나를 버리셨나요' 하고 울부짖다가 밤이 되면 그 암자에 내려와 잠을 자요. 그리고는 인형에 죽은 여자의 옷을 입혀 목관 속에 눕혀놓고 주술을 외우며 신통력으로 여자의 환생을 기도한다는 거예요."

그 말을 들으니, 그곳에서 있었던 일을 조금 이해할 수 있었다. 스님은 중얼거렸다.

"생사일여生死一如. 삶과 죽음은 같은 것인데……."

"스님, 어찌 삶과 죽음이 같습니까?"

스님은 갑자기 앉더니 옆에 있는 막대기를 가지고 땅에 무슨 글자를 쓰기 시작했다. 거기에는 생(生)과 (死)라는 두 한자가 쓰여 있었다.

"생(生)과 사(死)의 한자 모양을 자세히 보십시오. 生자는 一자 위에 牛가 있는 형상이고, 死자는 一자 밑에 歹匕가 있는 형상입니다. 一자는 땅을 의미하는데 生은 땅 위에 풀이 돋아나 있는 것을 나타내고, 死는 땅 밑에 뼈로 변화한 모습을 나타내고 있습니다. 이것은 무엇을 뜻합니까? 결국 생과 사는 땅 위에 있고 땅 밑에 있는 차이뿐인데, 거꾸로 보면 똑같은 것이지요. 신도님, 무슨 일이든 거꾸로 보면 뭔가 보입니다."

그 스님은 몸은 비쩍 말랐지만 안광은 무섭게 빛나고 있었다.

"신도님은 어디로 가십니까?"

"서울로 갑니다."

"그럼 산 밑까지 같이 가시죠."

"스님, 저는 평범한 회사원입니다. 속세에서 살아가는데 도움이 되는 한마디만 해주십시오."

"저 같은 중이 뭘 알겠습니까? 속세를 떠난 지가 수십 년인데."

필자는 그래도 뭔가 한마디 얻고 싶어 계속 간청했다.

그러자 주위를 둘러보던 스님이

"심조불산 호보연자!"

"네? 스님, 다시 한 번 말씀해 주십시오."

"심조불산 호보연자! 이 화두를 깨달으시면 인생의 모든 고민이 풀어질 겁니다. 그럼 소승은 이만."

필자는 갑자기 머리와 가슴이 확 트이는 큰 진리를 얻은 듯했다. 그 스님이 던진 '심조불산 호보연자' 아무리 되새겨 보아도 범상치 않는 큰 진리를 의미하는 듯했다. 그도 그럴 것이 '심조불산 호보연자' 글자 하나 하나, 소리 하나 하나가 워낙 깊은 진리의 의미를 내포하고 있음은 분명해 보였다.

그리고는 갈림길에서 헤어졌다. 필자는 집으로 돌아와 밤새 그 스님이 말씀하신 '심조불산 호보연자'에 대해 머리를 싸매고 도서관에 가서 불교서적 및 철학책을 다 뒤졌지만 도대체 감을 잡을 수가 없었다. 평소 친분이 있는 교수들에게 물어봤지만 그 문장의 뜻을 제대로 간파하지 못했다. 모두가 '심조불산 호보연자'라는 소리를 음미해 보고는 큰 심오한 뜻이 담겨있는 것 같다고 했다.

끙끙대도 해석이 안 되자 그 스님을 다시 찾아가기로 했다. 답답해서 그 답을 알지 않고는 일이 손에 잡히지 않았고, 이 문구를 깨달으면 인생에 고민이 풀어진다는 스님의 말씀이니 꼭 알아내야겠다는 마음뿐이었다. 그 절에 도착해 스님을 알현했다.

"어쩐 일로 또 오셨나?"

"스님, 저에게 말씀하신 '심조불산 호보연자' 말인데요, 도대체 그 뜻이 뭡니까?"

"하하하! 궁금하시면 이리 따라오세요."

스님은 필자를 데리고 절을 나서서 스님에게 한 말씀해달라고 부탁했던 그 장소로 갔다.

"신도님, 이 자리가 신도께서 소승에게 한 말씀해 달라고 했던 장소입니다. 자, 여기서 신도님 주위를 한 번 둘러보십시오. 뭐가 보입니까?"

필자가 둘러보니 사방이 산으로 둘러싸였고 저 멀리 산중턱에는 웬 큰 글자가 눈에 들어왔다. 산에 흔히 세워져 있는 입간판이었다.

〈자연보호 산불조심〉

"신도님, 한번 읽어보십시오."

"자연보호 산불조심"

"신도님 어때요? 느낌이?"

"별거 아닌데요. 어디서나 볼 수 있는 건데요? 내용도 자연을 보호하자는 평범한……"

"그렇죠! 그러면 저걸 거꾸로 읽어보세요."

"심조불산 호보연자."

"어때요? 느낌이?"

"아주 심오하고 의미하는 뜻이 진리일 것만 같네요."

"신도님, 바로 저겁니다. 소승에게 한마디 부탁했을 때 저 같은 미련한 중놈이 뭐를 알겠습니까? 그러나 자꾸 간청하니 말은 해야 되겠고 할 말은 없고, 난처해서 문득 주위 산을 둘러보니 〈자연보호 산불조심〉이라는 입간판이 눈에 띄어 소승이 거꾸로 읽어 한마디 한 것입니다. 그뿐입니다. 그럼 소승은 이만."

필자는 오히려 큰 진리를 깨달았다.

어떤 일이든 세상만사는 거꾸로 보면

1. 별것 아닌 것이 별것으로 보이고,

2. 별것이 별것 아닌 것으로 보이고,

3. 생각하지 못했던 아이디어가 나오고,

4. 가졌던 생각을 다르게 가질 수 있고,

5. 보이던 모양을 다른 모양으로 볼 수 있다.

위기는 거꾸로 보면 기회고, 기회를 거꾸로 보면 위기다.

중세기 세계가 천연두로 몸살을 앓자 영국의 제너가 우두 왁진을 발명해 수많은 인류를 구했다. 그가 왁진을 발견하기 전 모든 학자들이 천연두에 걸린 사람을 대상으로 수많은 연구를 했지만 그 예방법을 찾지 못했다. 그러던 중 제너는 거꾸로 생각했다.

'걸린 사람만 연구할 게 아니라 걸리지 않는 사람을 연구하면 방법을 찾을 수 있지 않을까?'

제너는 병에 걸리지 않는 사람을 연구해 본 결과, 특이한 현상을 발견했다. 소를 관리하는 낙농업에 종사하는 사람은 잘 걸리지 않을뿐더러 걸리더라도 가볍게 지나간다는 사실이었다.

연구 결과, 천연두에 걸린 소가 내뿜는 고름이 소젖을 짜는 사람에게 전염되지만, 소의 고름에 항체가 포함되어 있어 병에 걸리지 않는다는 것을 알게 되었다. 제너는 즉시 소의 고름을 짜 왁진을 만들어 주사했더니, 그 사람에게도 항체가 형성되었다. 역발상으로 제너는 인류사에 큰 획을 긋는 공헌을 하였다.

최근 믹서의 변신은 놀랍다. 기존의 믹서는 유리컵 밑에 칼날이 붙어 있어 유리컵에 야채를 넣다가 손을 베기도 하고, 유리컵 씻기도 불편하고 일일이 빼다 보면 깨지기도 쉬웠다. 그러나 거꾸로 생각한 끝에 모양을 완전히 바꾸어 버렸다.

'있다면 제거하고 없다면 만들어라!'

유리컵은 분리형이고, 칼날이 도는 게 아니라 유리컵 바깥 위에서 갈 수 있게 만든 것이다. 일이 안 풀릴 때 거꾸로 볼 수 있는 생각은 조물주가 인간에게 주신 선물이다. 인간만이 거꾸로 볼 수 있으니!

1. 거꾸로 보다가 삐딱하게도 보아야 한다.

2. 삐딱하게 보는 것이 거꾸로 보는 것보다 더 큰 효력을 발휘할 수
   있다.

3. 역발상이 중요하다.

4. 역지사지에서 탈출구를 찾을 수 있다.

5. 거꾸로 보는 것이 절대 괴상한 것이 아니다.

6. 일이 풀리지 않을 때만 거꾸로 보아야 한다.

7. 거꾸로 보면 번뜩임 속에서 뭔가가 나온다.

8. 번뜩이지 않으면 다시 원위치한 다음 거꾸로 다시 봐야 한다.

대부분의 사람들이 '어떻게 하면 돈을 벌 수 있을까?' 고심하고 연구한다. 학생, 스포츠선수, 기업인, 정치가, 예술인, 종교인 누구를 막론하고 우선 필요한 것이 돈이기에 벌기 위해 안달하는 것이다.

필자는 기업으로 부자가 됐든 장사로 부자가 됐든 주식투자로 부자가 됐든 명색이 부자라고 불리는 사람들을 많이 만나 그들의 이상, 신조, 가치관, 생활습관 등에 관해 허심탄회한 대화를 가져본 적이 있다.

대화 결과 다음과 같은 특징을 발견할 수 있었다.

1. 소비에는 짠돌이지만 투자에는 손이 크다.

그들이 사는 점심은 대부분 된장찌개이고, 버스나 지하철을 애용한다. 비싼 차와 집이 없는 것은 아니지만 검소함이 몸에 배여 있다. 절약한 돈으로 투자를 극대화한다.

2. 승부욕이 강하다.

재미 삼아 내기 게임을 하면 단돈 1만 원에도 전력을 다한다. 돈이 아까워서가 아니라 승부에 지지 않으려는 승부욕 때문이다.

3. 정보에 침을 질질 흘린다.

정보 없는 전쟁은 있을 수 없다. 정보가 돈을 가져다 준다는 것을 잘 알고 있기 때문에 누가 좋은 정보를 준다고 하면 자다가도 벌떡 일어난다. 새벽 3시에도 전화를 받는다.

4. 늘 공부하는 자세다.

새로운 정보, 지식을 쌓기 위해 항상 신문, 잡지, 책을 끼고 살뿐만 아니라 강연, 전문가와의 대화에도 잘 낀다.

5. 신중에 신중을 기한다.

의사결정이 답답할 정도로 신중하다. 웬만한 투자 권유에도 꿈쩍하지 않는다. 주위로부터 몇 번이고 검증을 받은 후 또 생각한다.

5. 위험을 기꺼이 감수한다.

신중하지만 한번 시작하면 주저하지 않는다. 감행하고 나서 일어나는 일에 대해서는 긍정적이든 부정적이든 일종의 학습이라고 생각한다.

6. 올인하여 집중한다.

했다 하면 올인한다. 그래서 전심전력으로 승부한다. 대충하고 남에게 맡기는 일은 있을 수 없다.

7. 돈밖에 믿을 게 없다.

돈을 믿지 사람을 믿지 않는다. 돈이 돈을 벌어다 주는 것이지 사람이 돈을 벌어다 주는 것으로 생각지 않는다. 그래서 타인의 말을 잘 안 믿는다.

8. 돈에 관한한 자신의 돈으로 한다.

이자 갚으면서 투자하지 않는다. 자신이 가진 돈만이 배신하지 않는다는 것이다.

9. 아침형 인간이고 잠이 적다.

새벽은 정신이 가장 맑을 때다. 이 시간을 헛되이 보내지 않으려 한다.

상기내용을 보면 확실히 보통사람과는 다르다. 보통 사람의 성향과 반대라고 생각해도 무리가 없다. 보통 사람은 명품을 밝히고, 부자는 투자를 밝힌다. 즉 투자성격의 지출을 즐긴다. 보통 사람의 지출은 소비로 끝나지만, 부자들의 지출은 자산투자이므로 다시 돌아와 돈을 만들어 준다.

마지막으로 〈포춘fortune〉이 제안한 부자의 룰을 정리하면 다음과 같
다.

1. 가능하면 빨리 시작하라.

2. 유행을 쫓아가지 마라. 오히려 두려울 때 두려움을 매입하고, 두렵
   지 않을 때 두려워하라.

3. 시장을 훨씬 앞서지 말고, 반보만 앞서서 나간다.

4. 단순하게 집중하라.

Point

1. 돈이 인생의 목표가 될 수 있다.

2. 사적인 만남보다 공적인 만남을 자주 가지자.

3. 머리가 좋은 것과 돈 버는 것은 다르다.

4. 멋지고 세련되게 부자 되는 방법은 없다.

5. 비싼 것이라도 갖고 싶은 것은 가지려고 생각하자.

욕심은 나의 힘 13

프랑스의 유명한 재벌이 죽으면서 유언을 남겼다. 수수께끼를 푸는 사람에겐 자기가 남긴 재산의 20%를 주겠다고 했다.

'가난뱅이에게 가장 부족한 것은?'

많은 사람들이 그 수수께끼의 답을 적어 보냈다. 돈, 명예, 가치, 성실, 지식, 열정, 부지런함, 경쟁심, 힘, 에너지 등 수백 가지의 답이 도착했지만 그 재벌이 요구하는 답은 아니었다. 어느 한 어린 소녀가 답을 보내왔고 맞춰본 결과 정답이었다. 그 어린 소녀가 보낸 정답은 바로 이것이었다.

'욕심'

그 소녀는 자기가 갖고 싶은 물건이 있을 때, 떼쓰고 욕심을 부리니 부모님이 다 사주더라는 것이다. 그래서 뭐든 갖고 싶은 것이 있으면 먼저 '그 물건에 대해 욕심을 가져야겠다'는 생각이 들었다고 한다.

욕심慾心. 한자 뜻을 보면 하고자 하는 마음이 마음속에 있는 것을 말한다. 과욕過慾과는 엄연히 다르다. '과욕'은 하고자 하는 것이 마음을 초과한 상태를 뜻하기 때문에 마음먹은 대로 되지 않고 오히려 역효과를 불러온다.

성공한 사람들의 성향을 분석해보면 자신이 하고자 하는 일에 대단한 욕심을 가졌다는 것을 알 수 있다. 욕심이 없으면 하고자 하는 열정 역시 없다. 무엇인가를 이룰 때는 고통이 수반되는데, 이것을 상쇄시킬 만한 반대급부가 있어야 그 고통을 무릅쓰고 하고자 하는 일을 할 수 있다는 것이다. 그 고통을 상쇄시킬 만한 반대급부는 다름 아닌 그것을 하고자 하는 '강렬한 욕심'이다.

출근길에 30대로 보이는 건강한 청년이 노숙을 하고 있는데 양지 바른 곳에 앉아 책을 읽고 있었다. 책 제목이 그와 맞지 않게《삶과 죽음의 대화》였다. 좀 특별한 노숙자같아 안쓰러워 말을 걸었다.

"선생님, 아직 나이도 젊고 건강도 괜찮은데 무슨 일이든 일을 하셔야죠."

그 청년은 이상한 사람이 갑자기 와서 왜 시비를 거나 싶어 도끼 같은 눈을 부라렸다.

"선생님, 제가 일자리를 알아볼게요. 우선 이 빌딩건물의 청소용역이나 우리 건설회사의 노동잡부 같은 일이라도 할 수 있도록 조치하겠습니다."

그래도 그 청년은 말 없이 누워 책을 읽고 있었다. 계속 말을 건네자

신경질을 내며

"아, 이 사람 봐라. 이거 미치겠네. 글쎄 싫다는데 왜 그래? 가만히 내 버려 둬!"

"그래도 일을 해서 돈을 벌고 하셔야죠. 읽고 있는 책 제목을 보아하니 가방끈이 짧지 않은 것 같은데."

"이봐요! 일을 왜 해? 안 해도 먹고사는데 지장 없어. 그러니 비키쇼."

"일을 하셔야 인생의 가치가 있잖아요!"

"인생의 가치? 그게 뭔데? 일하는 게 가치야? 나 일하는 거 싫어. 일하면 이해관계에 얽혀 서로 속이고 속고, 사사건건 간섭받고 성가시고 귀찮고 고통이 따르잖아. 그러니까 난 안 하는 거야. 일 안 해도 급식소에서 밥 먹여주지 잘 데도 많아. 살아가는 데 아무 지장 없어."

"선생님, 건강한 몸으로 충분히 일해서 돈을 벌 수 있고, 더 나은 집에서 좋은 음식 먹으면서 더 잘살 수 있는데 왜 그렇게 사시는 겁니까?"

"내가 추구하는 게 바로 자연인自然人이요."

"자연인?"

"그렇소. 난 자연에서 왔고 그냥 자연으로 살다가 자연으로 돌아가고 싶은 거요. 아무 욕심도 없이 아무 흔적도 없이 무無로 사는 거요."

"인생을 무無로 산다? 아니 그러면 왜 태어났오? 태어나지 말지. 어차피 태어난 것, 한번 남부럽지 않게 살아 보는 것이 모든 인간들의 소망일텐데……."

그러자 그의 입에서 나온 한마디에 필자는 깜짝 놀랐다.

"연작안지홍곡지지燕雀安知鴻鵠之志."

"그게 무슨 말이요? 다시 한 번 말해 봐요!"

"연작안지홍곡지지. 아따 이 양반 이 말도 몰라요? 넥타이도 멘 양반이."

'연작안지홍곡지지' 이 말은 제비와 참새의 무리들이 어찌 고니와 기러기의 큰 뜻을 알겠느냐는 의미다. 대기업 간부인 필자가 참새고, 노숙자인 본인은 기러기라는 뜻인데 참새는 기껏 쌀알이나 벌레를 잡아먹어 연명하지만, 기러기는 큰 고기를 낚아 여유적적 살아간다는 것이다. 회사에 매인 봉급쟁이는 참새요, 집도 벌이도 없이 풍찬노숙하는 자연인이 기러기인 것이다.

그 사람이 필자보다 더 공부를 많이 했고 유식하고 이상적인 철학가인지는 모르겠다. 그러나 현재 필자는 돈을 벌고 있고 전도양망한 대기업 간부이고, 그 사람은 노숙을 하고 있는 거지 신세인 자연인이다.

그와 필자의 차이는 딱 한 가지밖에 없다. 필자는 돈에 대한 욕심이 있는 반면 그 노숙자는 돈에 대한 욕심이 없다. 이 욕심 차이 하나가 이렇게 사람을 갈라놓는 분수령이 된다.

욕심이 없으면 자기의 인생 가치를 하찮은 것으로 보아 목표를 평가절하 하게 되고 뒤이어 태만과 게으름이 찾아오고, 될대로 되라는 식의 허무주의에 사로잡힌다.

또한 주위의 시선에도 아랑곳하지 않고 자기만의 세계에서 안주하는 그야말로 무위도식하는 우물 안 개구리가 된다.

강한 욕심만이 목표를 평가 절상하여 중도에 포기하지 않고 끈기 있게 추진하게 하는 동인動因이 되는 것이다.

Point

1. 욕심은 하고자 하는 일에 강력한 추진력을 만든다.

2. 욕심과 과욕은 반드시 구별하자.

3. 어떤 욕심이든 욕심 그 자체를 나쁘게 평가해서는 안 된다.

4. '욕심을 부려라'는 '욕심을 잘 활용해 운용하라'는 뜻이다.

흔히 모난 돌은 정 맞는다고 한다. 조직이라는 틀과 질서에 세상의 순리대로 둥글게 둥글게 살아가는 것이 조화로울 것 같이 보이기도 한다.

성격에는 둥근 돌과 모난 돌의 두 가지 타입이 있다. 살아가는 데 어떤 타입이 유리할까? 속담대로 모난 돌은 아무 쓸모도 없을까? 벽 쌓기의 예를 들어보자. 둥근 돌과 모난 돌의 쓰임새는 각각 다르게 활용된다. 둥근 돌로는 간격을 두고 시멘트로 사이를 메워야 견고한 벽을 세울 수 있다. 반면 모난 돌은 시멘트 없이도 모난 돌끼리 조화를 이루어 빈틈없이 견고한 벽을 세울 수 있다.

임진왜란 때 조선수군이 왜군을 전멸시킬 수 있었던 것은 배의 견고함 때문이었다. 조선수군의 배는 요철 모양(▄▆)의 나무를 조립하고 목정으로 짜 맞춘데 비해, 왜군의 배는 같은 크기의 나무들을 못으로 박아 연결했기 때문에 견고함이 조선의 배에 비해 약할 수밖에 없었다.

그래서 왜군의 배는 쉽게 부서지고 함몰되었다.

모난 것끼리의 조합은 둥근 것끼리의 조합보다 백배 강하다. 모난 돌을 고치려고 해서는 안 된다. 모난 돌에 정을 치면 더 쓸모가 없어진다. 모난 돌이 오랜 풍랑을 맞으면 둥근 돌이 되듯 둥근 돌이 되기 전까지는 모난 돌 그 자체로 활용해야 한다. 장점을 살려 적재적소에 배치한다면 조직 내에 더 큰 역동의 힘을 보여줄 것이다.

어떤 사람이 우물가에서 두 항아리에 물을 담아 양어깨에 메고 면 길을 오갔다. 그러나 집에 오면 왼쪽 항아리는 항상 비어 있었는데, 금이 가 있었기 때문이었다.

왼쪽 항아리는 자기를 어깨에 멘 주인에게 미안했던지

"주인님, 나를 버리고 새것으로 바꾸세요. 그래야 더 많은 물을 날라 올 수 있어요."

주인은 그 소리를 듣고서도 바꾸지 않았다. 왼쪽 항아리는 자기의 소임을 못하는 까닭에 다시 한번 주인에게 애걸했다.

"주인님, 괜히 헛수고하지 마세요."

"항아리야, 난 네가 금이 가 이미 깨진 것을 알고 있었다. 그럼에도 바꾸지 않았다. 이리 나와서 우리가 걸어온 길의 양쪽을 봐라. 오른쪽은 메마른 황무지이지만 왼쪽에는 네가 흘린 물로 인해 많은 꽃이 아름답게 자랐다. 나는 네가 비록 물을 흘렸지만 그 물로 인해 탄생된 새 생명의 꽃을 즐기면서 오갔단다. 그 바람에 난 피곤한 줄 모르고 더 많이 왕래해 물을 떠올 수 있었기에 오히려 네가 깨진 것에 더 감사하단다."

깨진 항아리가 본연의 물을 담는 항아리 역할을 수행하지 못했지만, 다른 방향으로 항아리의 기능을 보상해 엄청난 효율을 불러 왔던 셈이다.

필자가 다닌 그룹에 각 회사별로 이른바 문제아들 때문에 골치를 앓은 적이 있었다. 환언하면 모난 돌, 깨진 항아리인 셈이다. 이 문제아들의 해결방법을 다음과 같이 추진했었다.

첫째, 퇴사 처리였다.

많은 노사 간의 분쟁을 초래, 많은 고통을 겪고도 해결하지 못했다.

둘째, 교육 훈련이었다.

많은 낭비를 초래, 치유도 되지 않은채 원상 복귀하는 결과가 되었다.

셋째, 직업 전환이었다.

이 문제아들을 집단으로 결성하여 이들의 장단점을 철저히 분석, 각 회사에서 요구되는 직무분석과 접목해 그에 맞는 적성으로 직업을 전환했다.

결과는 놀라웠다. 전환된 각 직업에 큰 기여를 했기 때문이다.

모난 것은 모난 대로, 깨진 것은 깨진 대로 끼워 맞추니 더 큰 결합력으로 효율을 불러일으킨 것이다.

1. 성격은 고쳐지지 않는다. 모난 돌이 둥근 돌이 되기 어렵다.

2. 모난 돌은 특별한 프로젝트에, 둥근 돌은 평범한 프로젝트에 적
   당하다.

3. 모난 돌의 유용성은 전적으로 리더에게 달렸다.

4. 하부조직에는 모난 돌의 캐릭터를, 상부조직에는 둥근 돌의 캐릭
   터를 가져야 한다.

하루 24시간을 쪼개 보면 일반적으로 다음과 같은 곳에 나누어 쓰인다.

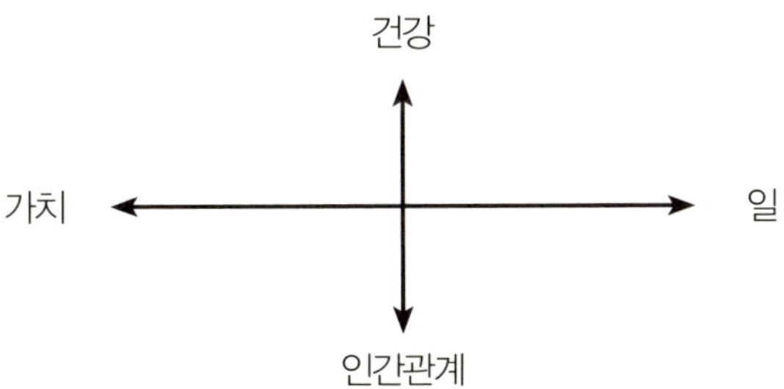

[건강]

건강만 중요시하는 사람은 주로 운동, 스포츠에만 관심을 가져 인간관계가 원활하지 못해 사업도 실패하고, 외로운 노년이 될 가능성이 크다. 스포츠 선수에게 많은 유형이다.

[일]

일만 중요시하는 사람은 가정에 소홀하여 퇴직 후, 개인의 행복을 어디에서도 찾기 어렵다. 전문경영인 및 직장인에게 많은 유형이다.

[가치]

가치만 중요시하는 사람은 자신만의 이상과 가치를 추구하기 때문에 재산을 탕진할 가능성이 높고, 사이비 종교나 맹목적인 사랑에 잘 빠진다. 사회나 가정이라는 조직과는 맞지 않다. 예술가에게 많은 유형이다.

[인간관계]

인간관계만 중요시하는 사람은 많은 사람을 사귀기 위해 전력을 쏟기 때문에 마당발이라는 평을 듣지만, 사기에 연루될 경우가 많다. 다단계 판매, 세일즈맨에게 많은 유형이다.

이렇게 어느 한곳에 치중하면 삶은 절름발이가 된다. 네 방면 모두 균형이 맞추어져야 한다. 우주 삼라만상의 기본 원리는 균형이다. 한쪽으로 치우치면 자연스럽게 균형을 찾아가는 게 원리이다.

《초한지》를 보면 치열한 전투 끝에 유방의 승리로 항우는 자결하고 만다. 균형된 자질이 얼마나 승패에 중요한지 알 수 있다.

약간 건달 자질이 있는 평민출신인 유방은 자유분방하고 유화력이 있어 모든 사람의 의견을 포용, 끌어당기는 성품인 반면, 항우는 귀족 출신에 무용이 출중한 옹고집이었다. 균형 잡힌 유방의 성품이 고집쟁이 천하장사 항우를 물리친 셈이다.

아라비아 숫자 1, 2, 3, 4, 5, 6, 7, 8, 9 중에 1, 2, 3, 4를 왼쪽수, 6, 7, 8, 9를 오른쪽수라고 해보자. 이때 왼쪽수와 오른쪽수를 대칭적으로 곱하면 어느 경우가 가장 클까? 1×9, 2×8, 3×7, 4×6, 5×5의 대칭수 곱하기에서 5×5가 가장 크다. 바로 균형을 이루었을 때다. 원자, 분자, 세포, 별, 지구, 달, 태양 등이 둥근 이유는 균형을 이루어 최대값을 담으려는 조물주의 뜻일 것이다.

기업조직에서도 공정균형line balance 원리가 가장 중요하다. 생산라인에서 각 공정의 생산능력이 균형을 이루지 못하면 흐름에 병목현상이 나타나 생산성이 떨어진다. 어느 공정은 많이 생산되지만, 다른 공정이 이를 받쳐주지 못하면 무용지물이다.

생산량	A공정 →	B공정 →	C공정 →	D공정 →	E공정
경우1	100	150	200	250	300
경우2	300	250	150	200	100

경우1, 경우2 모두 각 공정단계별 생산량은 상이하나 생산실적은 100으로 똑같다. 공정과정에서 초과 생산분은 무용지물이 된다.

인생도 마찬가지다. 10대, 20대, 30대, 40대, 50대, 60대, 70대, 80대, 90대 모두 거쳐야 하는 과정이 있는데 균형적이어야 한다. 어려서 고생을 너무 많이 하면 나이가 들어 아프지 않은 곳이 없고, 고생을 전혀 하지 않으면 늙어서 유약해지고 초라해진다.

어려서 신동소리를 듣는 사람의 경우 어른이 되어서 평범해지는 경우가 대부분이다. 거꾸로 어려서 바보소리를 듣는 사람의 경우 어른이 되어서 점차 머리가 깨우쳐 더 똑똑해지는 경우도 많다.

어려서부터 잠자는 시간 빼놓고 공부, 음악, 외국어, 스포츠, 웅변 등 모든 분야를 강행군하며 배우는 경우, 고등학교에 올라가면 모든 것에 흥미를 잃고 완전히 의욕 상실하는 경우가 많다. 영어에만, 수학에만, 과학에만 치중하다 보면 배움의 절름발이가 되어 사회에 적응하기 어렵다. 공부도 균형 있게 해야 한다. 벼락부자가 되면 머지않아 균형을 이루게 되고자 하는 관성 탓에 연이은 실패로 곧 균형을 이루게 된다.

필자는 다음의 글귀를 책상 위에 붙이고 항상 귀감으로 삼고 있다.

'物極必反물극필반'

모든 사물은 한쪽으로 치우치면 반드시 다른 쪽으로 흘러가게 된다.

1. 다른 사람들과의 균형과 조화 속에서도 자기만의 장점을 특화시켜야 한다.

2. 다른 사람들과의 균형과 조화 속에서도 자기만의 단점을 보완해야 한다.

3. 균형을 이루는 시간은 언제 올지 모른다. 자신의 노력에 의해 달라진다.

4. 균형된 모양이 가장 안정되어 여간해서는 무너지지 않는다.

CHAPTER 16

우연을 무시하지 말라

우리 삶을 획기적으로 발전시킨 새로운 사건, 기술, 물질은 한 인간 혹은 집단의 끊임없는 실험과 연구 과정 중 즉흥적이고 우연히 만들어진 경우가 많다. 실험이 본래 의도한 대로 나오지 않았지만, 전혀 뜻하지 않은 분야에서 결실을 맺는 경우 역시 많다.

- 인류의 생명을 세균으로부터 구해준 플레밍의 페니실린. 플레밍이 세균을 배양하는 실험을 하던 중 세균 배양 접시를 창문 옆에 놓아두었는데, 바깥에서 곰팡이 소자가 바람에 날려와 푸른 곰팡이가 자랐다. 폐기하려고 하다가 자세히 관찰해 보니 곰팡이 주변만 투명해져 있어 세균이 녹았다는 것을 알게 되었다.

- 제2차 세계 대전 시 쓰던 비밀무기인 초단파를 우연히 음식물에

쪼여 보고 편리하여 전자레인지를 만들었다.

- 일어나지 않고 누워서 TV채널을 돌리는 방법이 없을까라는 생각
이 리모컨의 시초가 되었다.

- 세계 기업으로 명성을 날렸던 D그룹도 샐러리맨이었던 창업자가
출장을 가던 중 우연히 빅바이어를 만나 대규모의 물량을 수주 받아 기
업을 설립할 수 있었다.

- 필자가 아는 모 기업인은 지방 출장에서 돌아오던 중 길을 잘못
들어 산속의 도로를 헤매게 되었다. 소변이 마려워 돌무덤 투성인 큰 산
밑에서 일을 보는데 자세히 살펴보니 탄맥이 층층이 쌓여있었다. 아무것
도 모르는 산 주인을 만나 매입하고는 탄광을 발굴하여 큰돈을 벌었다.

- 구글에 1조 5000억 원을 주고 판 동영상 유튜브도 창업자인 스티
브 첸이 예정에도 없던 파티에 가서 영상을 촬영했는데, 이것을 이메일
로 보내 참석하지 않은 사람에게도 보여주는 방법이 없을까 하고 생각
한 것이 시초가 되었다.

동독과 서독으로 분단되었던 독일의 통일도 우연한 실수로 이루어졌
다. 당시 동독 사람들이 이웃국가를 우회해 서독으로 여행하고 친지를

만나는 경우가 많았는데, 이런 동독과 서독 간의 여행자유화를 허가하
자는 내용으로 동독정부대변인이 기자회견을 했다. 전 국민이 지켜보는
가운데 기자가 질문했다.

"그럼 언제부터 여행자유화가 시작되는 겁니까?"

당황한 대변인이 발표문을 뒤적거렸지만 시행 일자에 관해서는 아무
것도 없었다. 당시 기자회견은 여행자유화에 대한 구체적인 시기나 사안
들을 발표하려고 했던 것이 아니었기 때문이다.

대변인은 엉겁결에 "즉시"라고 대답했다. 이 방송을 지켜보던 수많은 동
독인들이 서독으로 질주했고 경비대도 가만히 지켜볼 수밖에 없었다. 동
독정부대변인의 우연한 말 실수 하나로 거대한 장벽이 무너지고 통일이 되
었다.

인생의 반려자를 만나는 것도 그렇다. 본래 자기 파트너가 될 사람이
몸이 아파 대신 나온 사람과 부부의 인연을 맺은 경우도 있고, 몇 번 만
나다가 마음이 안 내켜 헤어졌는데 우연히 부산 가는 열차의 옆 좌석에
서 해후하게 되어 인연을 맺은 경우도 있다.

필자도 대학 졸업 후, 여러 대기업에 원서를 내 5곳에 취업이 되었다.
그중 A기업이 유망 중소기업이라 입사하려고 마음먹고 있었으나, 갑자
기 A기업의 사장이 해외 장기 출장을 가는 바람에 최종 결재가 늦어지
는 사이 대우그룹에 입사하게 되었다.

이렇게 우연이 크게는 역사를, 작게는 한 사람의 삶을 만들어 나간다.

1. 우연이 결과적으로는 필연으로 느껴진다.

2. 과거의 우연은 현재의 필연이고, 현재의 우연은 미래의 필연이고, 미래의 우연은 아직 우연일 뿐이다. 그래서 미래를 바꿀 수가 있고 바꾸어지기도 한다.

3. 살아온 하나 하나의 우연을 반추하고 거울삼아 다가오는 우연에 대비하자.

4. 대비한 우연과 대비하지 않은 우연은 엄청난 차이의 필연을 초래한다.

chapter 17

예측은 빗나갈 확률이 높다

어느 늙은 부호가 자기 풀장에 식인악어를 풀어 놓고 이 풀장을 건너는 사람에게 모든 재산과 하나밖에 없는 딸을 주겠다고 선언하고 지원자를 모집했다. 이 부호는 그만한 용기를 가진 사람만이 자신의 재산과 딸을 보호할 수 있다고 믿었다.

5명의 지원자가 악어가 입을 벌리고 있는 풀장에 줄을 서서 뛰어들 준비를 하고 있었다. 그러나 뛰어내리려고 해도 입을 떡 벌리고 있는 식인악어를 보고는 머뭇거릴 수밖에 없었다. 아무도 뛰어내리지 못하자 부호는 실망을 금치 못했다.

그런데 갑자기 한 사내가 용감하게 풍덩 뛰어들고는 죽자 살자 헤엄쳐 나왔다. 부호는 용감한 그 사내를 사위로 삼아 딸을 주고 모든 재산을 맡겼다. 사위가 된 그 사내는 술과 노름에 빠져 몇 년 지나지 않아 모든 재산을 탕진하고 거지 신세가 되었다. 사위에게 재산을 맡겨 거지가 된 부호는 어처구니가 없어 사위에게 물었다.

"내가 자네를 사위로 삼은 이유는 자네의 용기 때문이었네. 죽을 용기도 마다 하지 않는 정신 자세라면 충분히 내 딸과 재산을 지켜낼 수 있을 거라 생각했는데 왜 이 지경이 됐는가?"

"장인어른, 솔직히 말씀 드리겠습니다. 아무리 돈과 어여쁜 딸을 준다 해도 누가 생명하고 바꾸겠습니까? 비록 지원은 했지만 차마 용기가 없어 뛰어내리지 못했는데 뒤에서 누가 저를 밀었습니다. 다행히 죽을 둥 살 둥 막 헤엄쳐 살아나왔죠. 저를 떠민 사람은 제 친구로 지난번에 함께 지원했던 사람 중 한 명인데, 그동안 장인어른의 재산을 관리할 때 그 친구의 부탁을 거절할 수 없었습니다. 그렇지 않으면 풀장에 뛰어들게 된 진짜 이유를 장인어른께 알리겠다고 협박해 어쩔 수 없었습니다. 그 사실을 알게 되면 틀림없이 장인어른은 저를 버리셨을 테니까요. 그 친구의 부탁을 거절 못해 계속 들어주다 보니 재산을 탕진하게 된 것입니다."

부호는 목격한 것만으로 일을 처리한 것에 대해 후회했지만 이미 엎질러진 물이었다. 이와 같이 눈에 보이는 상황만으로 해석하는 인간의 머리는 간장종지 만하다.

원인을 되짚어 보면 예측과는 전혀 다른 경우가 많다. 그런데도 그것을 알기까지 인간은 자신만의 그릇과 사고 속에 갇혀 넓은 다른 원인과 의미를 알지 못한다. 아니 완전히 다른 상황임을 상상하지도 못하는 것이다.

무슨 일이든 눈앞에 전개된 상황과 예측하는 것과는 완전히 다를 수 있다.

중국의 당태종 이세민은 사형수에게 사형집행 전 가족의 품으로 돌려보내 가사를 정리하고 가족들과의 마지막 밤을 즐기도록 했다. '사형수들이 모두 도망간다'는 우려로 모든 신하들이 한결같이 반대를 했지만, 당태종은 죽기 전 가족들과 보내는 인륜을 더 중시해 그대로 시행했다.

생존본능 때문에 신하들은 사형집행일까지 한 사람도 돌아오지 않을 것으로 예상했다. 그러나 예상밖의 결과가 벌어졌다. 소수의 사형수를 빼고는 대부분 가족을 만나고 돌아와 시형집행을 기다렸다.

당태종은 뜻밖의 사실에 크게 놀라 돌아온 사형수를 석방시켜 주었다. 그리고 도망간 사형수는 끝끝내 체포해 사형집행을 했다. 사형집행을 기다리던 사형수들도 황제의 마지막 은전을 감사히 여겼다. 당연히 죽음에 순응했지만 설마 석방까지 시켜 줄지는 예상 못했던 것이다.

몇 년 후 북방의 흉노족이 쳐들어오자, 예상치 못한 은혜를 받은 사형수들은 모두가 스스로 전쟁에 나가 국가를 위해 목숨을 바쳤다고 한다.

몇 그램 안 되는 두부질의 뇌세포 움직임으로, 오직 입력된 과거의 정보를 가지고 유추, 해석하는 것은 가변적으로 펼쳐지는 미래를 판단하기에 너무나 위험한 일이다.

모름지기 우리는 바깥에서 일어나는 상황을 과거의 기준을 가지고 자신의 눈과 머리로 보여진 대로만 인식, 예측하지 말고 보이지 않았던 여러 가지 기준으로도 인식, 예측할 수 있는 역량을 구비해야겠다.

자신의 눈과 머리, 과거 정보가 아니라 자신과 다른 사람의 눈과 머리, 과거 정보, 미래정보 그리고 가슴을 기준으로 눈앞에 펼쳐진 상황을 인식, 예측해 보는 습관을 길러야 되겠다.

Point

1. 상황인식이야말로 가장 중요한 정보다.

2. 상황예측이야말로 가장 중요한 역량이다.

3. 상황 속에 숨어있는 그림자를 찾아야 한다.

4. 상황전개는 뜻대로 안되는 게 세상만사이다.

5. 상황전개가 거꾸로 된다고 해서 반드시 손해를 입는 것은 아니다.

경쟁에서 이기는 방법

《토끼와 거북이》는 토끼와 거북이가 경주를 하는데, 앞서 가던 토끼가 자만하여 낮잠을 잔 사이 거북이가 승리했다는 이야기다. 만약 토끼가 낮잠을 자지 않았다면 거북이가 토끼를 이길 수 있는 방법은 없었을 것이다.

그러나 거북이도 경주에서 토끼를 이길 수 있는 방법이 있다. 빨리 달리기가 아니라 천천히 달리기, 물에서 경주하기, 바다 잠수하기로 종목을 바꾸는 것이다. 경쟁에서 이기는 방법은 자신의 페이스로 상대를 끌어오는 것인데, 경쟁하지 않는 것이 가장 좋은 방법이다.

흔히들 경쟁을 해야 실력을 최대치로 끌어올릴 수 있다고 믿는데, 경쟁이 극도로 심해지고 이를 위해 윤리도 저버리는 상황이 되면 경쟁은 큰 부작용을 낳아 사회 문제를 야기하기도 한다.

극심한 경쟁시장에서 살아남으려면 더 좋은 무기를 가져야 한다. 더 좋은 무기를 갖는다고 이기는 게 아니라, 계속해서 더 좋은 무기를 가져야 하기에 이에 들어가는 비용과 노력, 고통은 말로 표현할 수 없을 정도로 크다.

그러다 1등만 살아남는 것이 아니라 그 시장에 참여한 모든 경쟁자가 모두 죽어버리는 기현상이 생기기도 한다. 따라서 경쟁자가 많은 시장을 버리고 다른 시장을 찾는 길 또한 경쟁에서 이기는 방법이다.

필자의 중학교 시절, 아무리 열심히 공부해도 전교 1등 하는 친구를 당해 낼 재간이 없었다. 그 친구는 아이큐도 높고 센스도 좋은 공부의 신이라, 그 친구를 꺾고 1등 한번 하는 것이 필자의 소원이었다. 그런데 그 소원은 의외로 간단히 이루어졌다. 학교방침으로 유도과목이 추가되었는데 그 유도과목에서 필자는 90점, 공부의 신은 20점을 받아 가까스로 전체 점수로 필자가 1등을 한 적이 있었다. 다른 과목으로 시선을 돌리니 경쟁하지 않고 이기게 된 것이다.

글로벌시대의 산업은 새로운 아이디어로 결합하고, 퓨전되어 신산업을 낳는다. 새로운 신산업의 창구는 무궁무진하다. 그 산업을 낳고 낳는 일은 바로 우리 사람이 하는 것이다.

틈새시장은 틈새가 이미 벌어져 눈에 보이는 것이 아니라, 그 틈새를 만들어 내는 것이다. 눈에 보이지 않는 것을 보고, 들리지 않는 것을 듣고, 생각나지 않는 것을 생각해내어 그것을 상품화하여 시장을 새롭게 만들어 내는 것이야말로 경쟁에서 이기는 유일한 방법인 것이다.

공부, 취업, 사업, 직장 내 승진 등 모두 경쟁이 심한 분야에서 경쟁할

것이 아니라 다른 사람이 잘 모르는 선호하지 않는 과목, 분야에서 처음
시작하면 순조롭게 이길 수 있다.

다음 글귀가 생각난다.

'First mover is better than fast follower최초 진입자가 빠른 추격자보다 낫다.'

Point

1. 극을 달리는 경쟁은 쥐약이다.

2. 적절한 경쟁심은 보약이다.

3. 경쟁은 끝이 없다.

4. 신천지에서의 경쟁이 더 가치 있다.

지나간 것은 숙명, 다가오는 것은 운명

숙명宿命과 운명運命의 차이점을 살펴보자. 숙명은 변하지 않는 하늘의 명, 운명은 움직이는 하늘의 명을 말한다. 다시 말해 여자로 태어난 것은 숙명이고, 이 숙명에 의해 살아가는 방법 등은 운명이다. 따라서 숙명은 한번 정해지면 바꿀 수 없지만, 운명은 항상 변화하고 움직이기 때문에 우리는 이를 자의적, 타의적으로 바꿀 수 있다.

운명은 업 앤 다운up and down 하는 순환사이클을 그리는 바 경기순환처럼 호경기, 정체기, 불경기를 차례로 겪는다. 지나간 과거는 누구의 잘못이든 변경할 수 없는 숙명이다. 다가오는 미래는 어떻게 올지 모르고 변화시킬 수 있는 운명이다. 현재에서 중요한 것은 운명을 바꾸는 것이다. 운명을 바꾸는 것은 정신 자세인데, 위너와 루저의 정신 자세를 비교해 보고 개선해보자.

위너	루저
직접 불을 피운다.	곁에서 불을 쬔다.
기회다 싶으면 위험을 감수하고 잡는다.	생각만 하다 위험을 회피하고 기회를 놓친다.
돌다리도 두드리고 건넌다.	두드리고 안 건넌다.
리더이며 여행가이다.	매니저이며 관광객이다.
평생 공부한다.	한때 공부한다.
과정을 중시한다.	결과를 중시한다.
현상에 도전하고, 변화와 창조를 추구한다.	현상을 유지하고, 모방과 규제를 추구한다.
전략, 성과에 관심 있는 혁신가이다.	계획, 능률에 관심 있는 행정가이다.
실수하고, 웃고, 공유한다.	실패하고, 비웃고, 까분다.
알면서도 모른 척한다.	모르면서도 아는 척한다.
힘들어도 참는다.	힘들다고 소리친다.
함께 일한다.	혼자 일한다.
아마추어처럼 생겼다.	프로처럼 행세한다.
사람이 우선이고 길게 내다 본다.	일이 우선이고 짧게 본다.
해보겠다고 한다.	안 된다고 한다.
메모를 한다.	듣기만 한다.
다면사고를 한다.	단면사고를 한다.
질과 플로우flow를 좋아한다.	양과 스탁stock을 좋아한다.
남의 말을 잘 듣는다.	자기 이야기만 한다.
솔선수범하고 고무시킨다.	주어진 직책에 안주하고 질서에 따른다.

상기 위너와 루저의 차이점을 보면 두 부류는 하늘과 땅만큼 완전 다른 사람들이 아니다. 똑같은 사물을 보는 시각이 가치관 때문에 서로

다를 뿐이다.

시각은 마음만 먹으면 쉽게 바꿀 수 있다. 바꾸는 데는 고도의 기술, 막대한 자금, 끈질긴 투쟁력, 모진 의지력, 다른 사람의 협력이 필요한 것이 아니라, 스스로 마음의 방향을 살짝 바꾸면 되는 너무나 쉬운 것이다. 역설적으로 이렇게 쉬운 것이기 때문에 오히려 바꾸려고 하지 않는 것인지도 모르겠다. 언제든지 마음만 먹으면 쉽게 바꿀 수 있으니, 죽는 순간에야 바꾼다.

노벨문학상 작가인 버나드 쇼의 묘비에 새겨진 문장이 떠오른다.

"I knew if I stayed around long enough, something like this would happen우물쭈물하다가 이렇게 될 줄 알았다."

Point

1. 위너와 루저는 따로 없다.

2. 누구도 어느 순간 위너가 될 수 있고, 루저가 될 수 있다.

3. 위너와 루저는 100% 자신의 책임이다.

4. 최종 위너는 누구인지 아무도 알 수 없다.

과거 history

현재 present

미래 mistery

과거는 돌이킬 수 없는 역사의 장으로 기록되고, 현재는 지금 무언가를 할 수 있는 시간이기에 귀중한 선물이고, 미래는 어떻게 전개될지 모르기에 미스테리다.

과거, 현재, 미래란 무엇일까? 이 세 개념은 확연히 구별되는 것임에도 분리시켜 놓고 생각할 수 없는 불가분의 관계다. 동일선상에 존재하는 같은 시간의 개념인데도 현재의 기준에서 보면 너무나 서로 다른 개념이다.

신학자인 성 아우구스티누스는 다음과 같이 말했다.

"과거는 지나간 것이라 없고, 현재는 흘러가는 것이라 없고, 미래는 목격되지 않는 것이라 없는 것이 아니라, 과거는 기억되기 때문에 있고, 현재는 목격되기 때문에 있고, 미래는 기대되기 때문에 있다."

이와 같이 과거는 지나간 것보다 기억되기 때문에 영원히 추억으로 존재하고, 현재는 흘러가는 것보다 목격되기 때문에 영원히 사실로 존재하고, 미래는 오지 않는 것보다 기대되기 때문에 영원히 희망으로 존재하는 것이다.

연말 연초나 답답한 일이 생기면 용하다는 점쟁이, 무속인을 많이 찾아간다. 실제로 이들은 과거, 현재를 곧잘 알아맞혀 찾아간 사람들을 놀라게 만들지만, 미래를 자신 있게 맞추는 사람들은 별로 보지 못했다. 과거와 현재는 얼굴, 표정, 태도, 차림새 등을 통해 대충 감을 잡을 수 있는 반면 미래는 어떻게 될지 모르는 진행형이기 때문에 적당히 얼렁뚱땅 이야기할 수밖에 없다. 그런데 사람들은 과거, 현재를 용하게 알아 맞힌 사실 하나로 얼렁뚱땅 말한 미래의 이야기에 더 혹한다.

'얼굴'은 순수한 우리말로 살아오면서 형성된 얼(정신)들이 이리저리 골로 패여 있다는 의미다. 인생의 이력이 얼굴에 드러난다는 뜻이다.

학창시절 공부도 잘하고 착해서 가장 아끼던 고등학교 친구가 있었는데, 졸업 후 10년간 연락이 두절되었다가 필자의 회사로 오랜만에 전화가 걸려왔다. 예전의 선한 친구의 얼굴을 떠올리고는 하루빨리 보고 싶은 마음이 간절해 즉시 사무실로 찾아오게 했다. 어릴 때 순수한 우정을 나눈 친구와의 만남에 필자는 기쁨에 들떠 있었다.

그러나 사무실에 들어선 친구의 얼굴은 예상 밖이었다. 세상의 온갖 풍파를 겪은 사탄 같았다. 필자가 혹시 다른 사람이 아닐까 하는 우려심에 주춤하는 사이 친구가 먼저 필자를 알아보고는 반갑게 웃으며 손을 내밀었다. 악수를 했지만 예전의 느낌이 없었다. 얼굴과 분위기 대로 그 친구는 벌써 사기범으로 징역을 몇 번 갔다 온 상태였고, 지금도 어떻게 하면 필자를 이용해 사기를 칠 수 있을까 하고 요리조리 머리를 굴리는 것 같았다. 고된 인생살이가 이토록 얼굴을 변하게 만들다니 '얼굴'이라는 말을 만들어낸 우리 조상들의 지혜가 새삼스럽게 놀라웠다.

레오나르도 다빈치가 그린 최후의 만찬이라는 그림에 얽힌 유명한 일화가 있다. 예수를 가운데 위치하고 양옆으로 열두 제자를 앉혀 그리는데 다른 제자들은 평범하기에 얼굴 그리기가 수월했지만, 하느님의 아들인 예수와 예수를 배반한 가리옷 유다의 얼굴만은 떠올리기가 어려웠다고 한다. 천사와 악마의 이미지를 표현하기 어려웠던 것이다.

고심 끝에 밀라노에서 가장 선하고 신앙심 깊은 사람을 오게 했다. 그의 얼굴을 보는 순간 바로 이 얼굴이 주님의 얼굴이다 싶어 그대로 묘사하여 주님의 얼굴을 완성하였다.

수년이 흘러 마지막 악의 상징인 가리옷 유다의 얼굴만 남게 되었다. 유다의 모습을 상상할 수 없었던 다빈치는 가장 흉악한 살인범을 불러 그의 얼굴을 모델로 유다의 얼굴을 완성, 최종 '최후의 만찬'이라는 걸작을 내놓았다. 이 벽화를 보면서 유다의 모델이었던 살인범이 울면서 말했다.

"제가 몇 년 전 예수님의 모습을 그리실 때 그 모델이었습니다."

신분과 위치, 마음가짐에 따라 예수의 얼굴이 될 수도 배신자의 얼굴
이 될 수도 있는 것이다. 시간에 따라 얼굴은 달라진다. 과거가 있기에
현재가 있고 현재가 있기에 미래가 있다. 과거, 현재, 미래는 원판모양의
인생을 받쳐주는 삼각지지대와 같다.

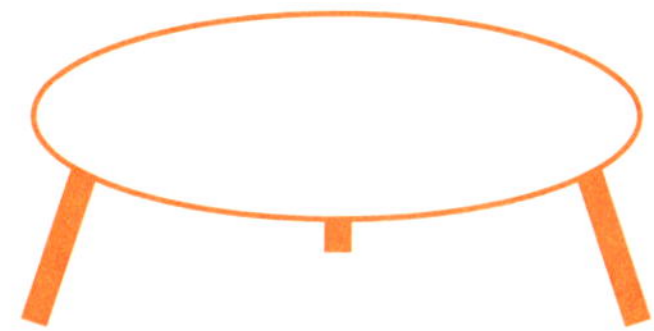

인생이라는 원형판을 받치는 세 개의 지지대 가운데 어느 하나라도
빠지면 무너진다. 그런데 우리나라 사람들은 과거라는 지지대에 70%,
현재라는 지지대에 20%, 미래라는 지지대에 10%의 비율을 둔다. 후회
하고 과거에 미련 가져 봤자 절대 되돌릴 수 없는 것이다. 이보다는 현재
와 미래에 더 많은 생각과 관심을 가져야 한다.

많은 학생들을 가르치고 젊은 벤처창업가들과 접하면서 어느 정도
그들의 미래를 점처 볼 수 있게 되었다. 그렇다고 필자가 전지전능한 신
의 경지에 들어선 것도 점쟁이가 되었다는 이야기는 아니다. 단지 미래
를 볼 수 있는 공식을 발견했다. 누구나 이 공식을 알면 자신의 혹은 다
른 사람들의 미래를 어렴풋이나마 그림을 그릴 수 있고 따라서 바꿀 수
있다.

여기서 F는 Future(미래), 두 번째 P는 Past(과거), 세 번째 P는 Present(현재), X는 변수(습관, 태도, 성품)를 뜻한다. 이 공식을 풀어보자.

미래의 모습 F는 과거 P와 현재 P에 변수인 X를 곱하면 알 수 있다. 과거는 쌓아놓은 실적, 평판, 캐리어, 경험의 복합체인 P를 바탕으로 한다. 이 P는 변하지 않는 고정수이다. 현재 P에 가지고 있는 습관, 태도, 성품, 꿈과 비전의 변수 X를 곱하면 현재의 복합체인 PX가 나온다. 이 PX는 X의 변수에 따라 변하는 변동수이다. 과거 쌓아놓은 실적, 경험을 바탕으로 현재의 습관, 태도, 성품, 꿈과 비전을 더하면 미래의 자화상이 나온다.

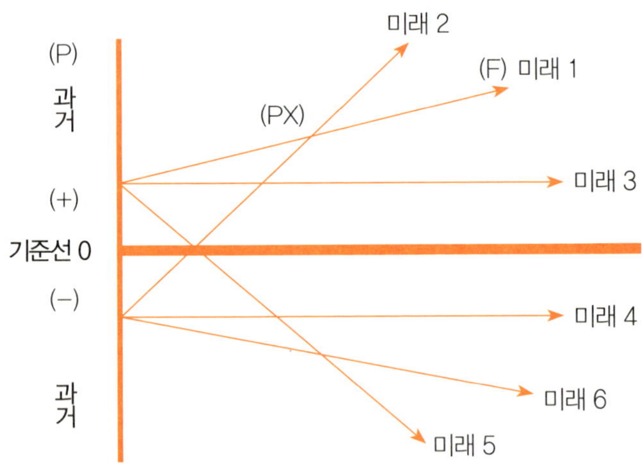

0을 기준으로 과거는 +와 −가 있다. +는 과거의 실적, 경험, 평판이

좋은 것이고, ─는 나쁜 것을 의미한다.

미래 1	과거의 실적, 경험, 평판이 좋고, 현재의 습관, 태도, 성품(기울기)도 좋아 우방상향으로 급상승하고 있다.
미래 2	과거의 실적, 경험, 평판이 아주 나쁘지만, 현재의 습관, 태도, 성품(기울기)이 우수해서 우방상향으로 상승하고 있다.
미래 3	과거의 실적, 경험, 평판이 보통이고, 현재의 습관, 태도, 성품(기울기)이 변함없어 평행이다.
미래 4	과거의 실적, 경험, 평판이 나쁘고, 현재의 습관, 태도, 성품(기울기)이 변함없어 평행이다.
미래 5	과거의 실적, 경험, 평판이 아주 좋지만, 현재의 습관, 태도, 성품(기울기)이 불량하여 우방하향으로 강하하고 있다.
미래 6	과거의 실적, 경험, 평판이 나쁘고 현재의 습관, 태도, 성품(기울기)이 더 불량해져 우방하향으로 급강하고 있다.

그래프를 보면 알 수 있듯이 과거 P는 바꾸지 못하지만, 기울기 X를 바꾸면 얼마든지 미래의 모습이 달라진다. 과거의 생각과 습관, 태도, 성품, 행동의 결과가 현재의 모습이고, 현재의 생각, 습관, 태도, 성품, 행동의 결과가 미래의 모습이 된다.

필자는 5년간 10명의 피실험자의 과거와 현재의 습관, 태도, 성품, 꿈과 비전에 관한 관찰 자료를 가지고 그들의 5년 후 미래 모습을 상기 그래프 미래 1, 2, 3, 4, 5, 6의 모습으로 그려보았다. 5년 후 그들의 실제모습은 필자가 그린 미래의 모습과 대동소이했다. 극적인 결과를 이끌어낸 [미래 2]와 [미래 5]의 사례를 이야기하겠다.

평소 성격이 포악하여 여직원을 폭행하기도 하고, 음주운전을 해 사고를 일으키는 등 품행면에서 평판이 나빠, 회사 내에서 승진이 좌절되고 구조조정대상 1순위였다. 더구나 이로 인한 스트레스를 술과 담배로 푸는 바람에 건강까지도 크게 나빠진 최악의 상태였다.

10년 후, 필자는 A과장의 당시 습관 및 성격을 봤을 때 회사조직에서 쫓겨나 아무 희망 없는 폐인으로 살아가고 있을 것이라 생각했다. 그러나 우연히 본 신문에서 그는 대기업의 임원이 되어 있었다. 필자는 즉시 그 친구를 만나 자초지종을 물어본 결과, 과거는 형편없었지만 현재의 습관, 태도, 성격, 꿈과 비전을 180도 바꾸었다고 했다. 그 친구의 말이 기억난다.

"저는 형편없는 사람이었죠. 아무 희망도 없었습니다. 그리고 현재의 습관, 태도, 성격을 바꾼다는 게 쉽지 않아 방황했죠. 그러나 이 세상에 못 바꿀게 어디 있겠어요. 그것들이 남의 것이라면 불가능하겠죠. 그러나 전부 저의 한 부분이잖아요. 이걸 바꾸는 것은 간단하죠. 제가 마음만 먹으면 되니까요. 제가 어느 순간 마음먹고 스스로 확 바꿔버리니까 바뀌지더라고요. 내가 바뀌니 주위 모든 사람이 대하는 태도도 달라지고 자연히 업무실적도 오르고 결국 타 회사로 스카우트됐죠."

일류대를 졸업하고, 능력이 탁월하고 근면 성실해 승승장구, 동기 중 제일 먼저 과장대열에 올라섰다. 10년 후 필자는 B과장이 대기업의 임원자리에 당연히 올랐을 것으로 예상, 수소문해 보았다. 결과 뜻밖에도 그는 회사를 그만두고 사업을 하다 파산하고 어렵게 생활하고 있었다.

자초지종을 알아본 결과, 그는 자만심 때문에 초심을 잃어 조직과 조화를 이루지 못하고, 자신의 능력에 대한 과신으로 업무를 대충 보는 등 실적이 나빠지기 시작했다. 급기야는 상사 및 동료와의 마찰로 사표를 던지고 재벌을 꿈꾸는 창업자의 길로 들어섰던 것이다.

미국의 팝가수 마이클 잭슨이 내한 공연한다는 계획이 잡히자 그는 자신의 능력을 과대평가, 신중한 검토 없이 마이클 잭슨의 상표로 패션 모자를 팔기로 하고 모자 생산에 열을 올렸다.

그러나 마이클 잭슨의 아동성추행사건으로 사회 여론이 악화, 그의 내한 공연은 취소되어 버렸다. 생산된 모든 모자가 폐기처분되는 바람에 신용불량자로 전락 생활고를 겪고 있다. 그 친구의 말이 생각난다.

"제가 참 어리석었죠. 지금까지 열심히 공부하고 근면 성실해 입시, 취업, 승진 한번도 실패해보지 않아 저의 능력, 실력이 최고인 줄 알았습니다. 제가 결정하는 어느 것도 다 성공하는 줄 알았기 때문에 이제 그만 공부하고 적당히 해도 잘될 줄 알았죠. 그동안 고생했으니 이제 좀 편히 생각했는데 그게 아니더라고요. 초심보다 더 열심히 해야 됐는데……"

1. 과거를 자랑하거나 버릴 게 아니라 거기에서 반성하고 교훈을 얻어야 한다.

2. 미래의 자기 모습을 어느 정도 그려 볼 수 있어야 미래를 바꾸겠다는 동기가 부여된다.

3. 미래를 바꾸려는 동기는 현재의 모습을 바꾸려는 동기가 된다.

4. 미래의 운명을 바꾸는 열쇠는 현재의 습관, 태도, 성품, 꿈과 비전의 변화이다.

분노 하라

자아를 뜻하는 아(我)와 타인을 뜻하는 타(他)의 한자를 보자. 아는 손수(手)변에 창과(戈)가 붙어 있다. 즉 손에 무기인 창을 가지고 있는 자란 뜻인데, 항상 타인으로부터 자신을 보호하는 주체란 의미다. 반면 타인을 뜻하는 타(他) 자는 사람인(人)변에 뱀 야(也)가 붙어 있는데, 즉 타인은 사람 옆에 뱀이 붙어있는 것처럼 차갑고 언제 물지 모르는 주체란 의미다. 이와 같이 우리는 타인 때문에 일생 동안 상처받고 분노한다. 분노를 해결하는 방법은 3가지다.

첫째, 용서

용서를 뜻하는 서(恕) 자는 마음 심(心) 자 위에 같을 여(如) 자가 있는데 서로 마음이 같아지는 것을 의미한다. 그러나 마음이 같아진다는 것은 정말로 어렵다. 자기가 낳은 자식과도 마음이 안 맞는데 어찌 타인과 마음이 같을 수 있겠는가. 용서는 어렵다.

'To err is human, To forgive is divine.'

'잘못을 저지르는 게 인간이요, 이를 용서하는 게 신의 뜻'이란 것인데 용서는 신의 몫이요, 인간이 할 수 있는 몫이 아니란 뜻이다. 설령 용서를 한다고 하더라도 신의 이름을 빌려 한 것이지 인간의 이름을 걸고는 결코 못하는 것이 용서라고 한다.

얼마나 용서가 어려운 것인지 깨닫게 하는 일화가 있다. 어느 마을에 불구대천지 원수지간이 있었는데 하늘에서 천사가 내려왔다.

"하느님께서 그대에게 큰 선물을 내린신다고 하오. 재물, 무병장수, 자녀의 출세 등 무엇이든 원하면 그대에게 준다하오. 그러나 단 조건이 하나 있소. 무엇을 원하든 그대의 원수는 두 배를 얻을 것이오. 그러니 원수와 화해하시오. 하느님은 이런 방법으로 그대에게 원수를 사랑하라는 교훈을 주려는 것이오."

이 말을 들은 그는 큰 한숨을 쉬면서 소원을 말했다.

"한쪽 눈을 멀게 해주시오."

둘째, 자포자기

자살인구가 연간 14,000명이 넘는다. 그러나 이것은 자살의 원인을 제공한 사람에게 영원히 지는 것이다. 그 사람이 이 소식을 들으면 쾌재를 부를 것이고, 세상 사람들은 "진짜 못났네, 못났어"라는 못된 말만 할 것이다.

상처를 준 사람에게 멋지게 복수하는 법, 그것은 바로 그 분노를 자기 혁신의 원동력으로 삼는 것이다.

세계의 모든 해방운동은 민중의 억압된 분노가 폭발되어 점화된 것이다. 서구열강이 가장 빨리 마음을 열어 해외신천지를 개발하고 전 세계의 대부분을 식민지로 삼았던 제국주의도 알고 보면, 그동안 서구열강들이 좁은 유럽에서 전쟁하면서 쌓여있었던 분노를 바깥으로 표출했기 때문이다. 레닌의 노동운동, 이슬람의 극단적 행동도 서구에 대한 시기와 분노에 기인한다 해도 과언이 아니다.

가장 먼저 민권사상의 효시가 된 프랑스 대혁명도 바로 민중의 분노가 표출된 것이다. 현재 전 세계의 금융경제를 주름잡고 있는 유대인들도 오랫동안 이어져 온 핍박의 산물인 '분노'를 잘 적절하게 활용한 것이다.

우리나라가 50년 만에 일본 식민역사와 전쟁의 참화 속에서 찬란하게 경제 번영과 강국의 면모를 갖춘 것도 그동안 수천 년 이어온 외세침략으로 인한 분노 때문이었다.

분노를 잘 활용해 자신을 업그레이드한 불세출의 영웅이 바로 프랑스의 나폴레옹이다. 그는 프랑스 시골인 코르시카섬 출생이다. 왕립사관학교에 들어가지만, 시골 출신이면서 다소 이기주의 성격을 띤 나폴레옹은 항상 왕따를 당했다. 전투를 나갈 때마다 용감하게 수훈을 세우지만,

어느 누구도 그의 능력을 인정하려 하지 않아 그의 분노는 극에 달해 자살 일보 직전까지 이르렀다.

그러나 그는 자살을 택하지 않고 자신을 왕따시키는 동료들보다 더 용감하게 싸워 최고자로 군림하겠다는 의지를 불태웠다. 나폴레옹은 부하와 함께 전투의 선두에 나서 화약을 뒤집어쓰고 부하와 함께 땅 위에 드러누워 쉬는 등 그야말로 부하들과 일심동체가 되어 싸웠다.

혁명이 폭동으로 변하자 아무도 나서는 사람이 없었다. 이에 나폴레옹은 과감히 대포로 폭도들을 제압, 큰 공을 세우고 26살에 대장으로 승진했다. 이후 그는 황제가 되고 러시아를 침공하는 등 유럽 일대를 정복할 때 미치광이로 불릴 만큼 생전에 받았던 분노를 국가를 위해 활용했다.

독립운동가로 평생을 바친 김구 선생도 외세의 침탈을 항거하기 위해 동학혁명에 동참했지만 실패하고, 한 나라의 국모인 명성왕후가 일본의 사무라이에게 시해당하는 사건으로 일어난 분노 때문에 영원한 영웅이 된 것이다.

이순신 장군도 침략한 왜적의 침탈과 야만행위를 보고 일어난 분노가 조선에 침입한 왜군을 한 명도 살려 보낼 수 없다는 장군의 의지를 불태웠고 수많은 전투를 승리로 이끌 수 있었다.

유명 대학 교수로 있는 A씨. 그러나 타교 출신이라 학교로부터 수년간 왕따를 당하며 은연중 퇴직 강요받기도 했다. 실력이 출중했지만 교수사회는 실력보다 인맥이 더 중요했다. A씨는 그 압박이 너무 심하여 정신적 상처가 이루 말할 수 없을 정도로 컸다. 불면증에 우울증까지 겹쳐 고생이 말이 아니었다. 사표를 내고 해외이민을 가는 길 외에는 달리 방법이 없었다. 모든 수속을 끝내는 중 우연히 다른 교수들의 이야기를 들었다.

"A교수가 결국 사표 내고 나간다고 하던데 그렇게 버티더니 결국 나가는구만. 지가 별 수 있어? 그 자리 우리 동창 중에 하나가 들어오게 해야지."

이 말을 들은 A교수는 그 분노가 하늘을 찌르는 듯했다. 그날 교수는 마음을 정리하기 위해 하느님께 기도를 했다. 그때 하느님의 말씀이 울렸다.

'그대가 떠나면 상처를 준 사람을 용서하는 것이다. 그대는 인간이기에 그 용서 후에 오는 고통을 이겨내지 못해 파멸하리라. 하지만 그 분노를 활용해 자기혁신의 원동력을 삼으면 진실로 승리할 수 있다.'

꿈속에서 들려오는 말을 듣고 A씨는 다음날 사표를 찢어버리고, 복수를 다짐했다. 그는 다른 나라에서는 개척된 분야이지만, 아직 한국에서 미개척된 P분야에 전심전력을 쏟아 3년 만에 한국에서 독보적인 존재가 되었다. 그는 학교뿐만 아니라 해외에서도 알아주는 실력파가 되어 어느 누구도 그에게 시비를 걸지 못했다. 분노를 자기혁신의 원동력으로 삼아 자신뿐만 아니라 자신이 다니는 학교, 아울러 국가의 위신도 세우게 하는 등 모든 것을 발전하는 방향으로 업그레이드시킨 것이다.

분노할 노(怒) 자는 마음 심(心) 자 위에 노예 노(奴) 자가 눌러 앉아

있는 형상이다. 노예는 비록 기득권 아래 눌려 복종하는 체하지만, 새로 탈바꿈을 하기 위해 누구보다 더 용솟음치는 뜨거운 분노를 가슴속에 가지고 있는 사람들이다.

마음의 노예가 되면 분노하게 되는데, 마음으로부터 이 노예를 해방시키면 노예는 진정 프리맨free man이 되어 훨훨 미지의 창공을 날아 가 새로운 시대를 여는 견인차가 될 것이다. 인간은 분노의 자양분을 바탕으로 도전과 창조의 역사를 이루어냈음을 가슴 깊이 새겨라.

Point

1. 분노가 있는 원동력의 마력은 분노가 없는 원동력의 마력보다 10,000배나 강하다.
2. 예수도, 석가모니도, 마호메트도, 공자도 분노와 화를 느낀다. 그러나 그들은 그것을 사랑의 원동력으로 삼았다.
3. 분노 없이는 발전이 없다.
4. 분노는 천사와 사탄의 두 얼굴을 가지고 있다. 분노를 활용하면 천사의 얼굴이오, 분노에 항복하면 사탄의 얼굴이 된다.
5. 분노가 상대를 향하면 불에 달군 돌을 잡고 상대방에 던지는 것이다. 상대방이 맞기 전에 먼저 자신의 손이 화상을 입는다.

기적에 대한 새로운 정의

어느 지방에 홍수가 일어나 모든 마을 사람들이 피난을 갔다. 그러나 그 마을에 있는 목사는 신앙심이 돈독하여 오로지 하느님의 손길을 기다리며 기도에 열중하고 있었다. 물이 점차 교회의 문 앞까지 다다르자 한 구조대원이 목사를 향해 빨리 피할 것을 권유했지만, 그 목사는 하느님께서 구해 주실 것이라 믿고 피하지 않았다.

교회 안까지 물이 차오르자 또 다른 구조대원이 고무보트를 타고 목사를 향해 얼른 이 보트에 올라탈 것을 권했다. 하지만 목사는 고집을 부리며 하느님의 기적을 기다렸다.

물이 교회 전체를 삼키고 목사는 교회꼭대기에 있는 십자가에 매달려 두 손을 모아 하느님께 구해주시기를 기도했다. 목사의 머릿속에는 어여쁜 천사들이 하늘에서 내려와 자신의 손을 잡고 하늘로 승천하여 안전한 곳으로 내려줄 것이라 의심치 않았다. 저 멀리서 헬리콥터가 오더니 구조대원이 밧줄을 늘어뜨리며 말했다.

"목사님, 이 밧줄을 잡으세요."

그러나 목사는 끝끝내 말을 듣지 않았고 결국 익사하고 말았다. 목사는 천국에서 하느님을 만나 따졌다.

"하느님, 왜 저를 구해주시지 않으셨습니까? 전 평생을 하느님만 공경하고 사랑을 베풀고 좋은 일만 해왔습니다."

하느님은 이렇게 말했다.

"널 구하기 위해 세 번이나 기회를 주었는데도 너는 거절했잖느냐?"

목사는 억울한 듯 다시 말했다.

"하느님, 우리가 하느님을 믿고 기도하는 이유는 바로 하느님의 구원을 바라기 때문입니다. 기적적으로 나타나주셔야 우리 인간들이 하느님을 더 믿고 따르지 않겠습니까?"

"얘야! 나는 너희 인간들에게 매 순간 기적을 내려주고 있단다."

"무슨 기적이요? 거짓말하지 마세요."

"내가 내려주는 기적은 뭔가 하늘에서 갑자기 떨어지는 게 아니다. 일상생활에서 열과 성을 다해 준비하고 노력하고 '기'다리면 '적'절할 때가 찾아오도록 하는 게 '기적'이란다. 그러나 너희 인간들이 그 기다리고 적절할 때가 왔을 때 행동하지 않으면 아무런 소용이 없다."

기도라는 것은 하느님에게 도움을 청하거나 애원하는 것이 아니라, 자신이 잘못한 점이 없는지, 고쳐야 할 점이 없는지를 물어보고 대화하고 다짐하는 행사가 되어야 진정한 기도의 효험이 나타난다.

중국의 성인 공자는 경이원지_{敬而遠之}라 하여 '신을 공경하되 가까이 하지 않아야 된다'고 말했다. 공자는 괴기하고 괴이한 것, 초자연적, 기적, 신에 대해서는 흥미와 관심을 가지지 않았지만, 그렇다고 신을 완전히 부정하지는 않았다. 오히려 신이 이 세상을 더 합리적 자연 상태로 끌고 간다고 생각했다.

신은 인간이 멀리서 경외심을 가지고 공경하고 두려워해야 할 대상이지 일상생활에 친근하게 가까이 할 대상은 아니라는 것이다. 즉 절대자인 신의 존재를 믿되 생활에서는 거리를 두어 현실적이고 합리적인 것을 추구하는 것이 더 지혜롭다는 것이다.

필자가 컨설팅을 위해 A기업을 방문했을 때 입구, 직원사무실, CEO의 방까지 모 종교의 가르침을 액자로 걸어놓은 것을 본 적이 있었다. 기업의 사훈도 한눈에 보기에 모 종교의 가르침을 본받은 것 같았다. 그 기업의 CEO는 말끝마다 자신의 종교관을 들먹거리며 기업의 모든 사업계획, 경영계획이 신의 뜻에 달렸다는 등 다소 비현실적인 자세를 견지하고 있었다.

세상에는 수많은 종교가 존재하고, 무신론자도 있는 등 기업의 경쟁자, 거래처, 고객들 모두 처해 있는 환경이 다 다르다. 그럼에도 불구하고 이러한 특정 종교적 색채가 외부로 강하게 표현되는 기업은 다른 종교를 믿는 이들에게 공감은커녕 우선 이질감을 느낄게 할 것이다.

지금은 세계경영을 해야 한다. 인류 모두가 기업의 고객이 될 수 있다. 인류 모두의 공감대를 얻지 못하면 보편성을 잃어버리고 경영의 균형이

깨지고 만다.

필자는 모기업의 사업계획을 검토한 바가 있었다. 그 기업의 규모나 기술수준을 봤을 때 다소 무리하게 느껴져 조심스럽게 계획의 축소를 권했다. 그러나 사장은 이 사업은 하늘의 계시를 통해 내려온 것이라며 무리한 빚을 끌어다 쓰는 등 자신만만하게 밀어붙였다. 이 기업의 말로는 묻지 않아도 뻔하였다.

종교는 마음의 안식처가 될 수 있다. 단, 신을 믿되 공경과 위난 시의 정신적의지로만 생각해야지 실천적, 논리적, 합리적 경영행위가 요구되는 기업경영이나, 자기혁신과 발전을 꾀해야 하는 인간경영에서는 '신의 기적奇蹟'을 바라면 안 된다. 준비하고 노력하여 기다릴 때 적절한 타이밍을 가져다주는 신의 기적機適을 바라야 할 것이다. 신의 기적機適은 인간의 행동이 덧붙여져야 인간의 기적奇蹟이 만들어지는 것이다.

Point

1. 기적을 기대하는 것은 자신의 무능과 나태함을 드러내는 것이다.

2. 기다리는 것은 준비하고 노력하는 것을 전제로 한다.

3. 적절할 때가 오려면 반드시 행동이 따라야 한다.

평생을 열심히 기도하는 데 바친 어느 목사가 꿈을 꾸었다.

"네가 그렇게 기도를 열심히 하니 일주일 내에 직접 찾아가서 교회신도들을 위해 축복해주마."

목사는 하느님께서 친히 찾아 주신다니 이만한 영광은 없다 싶어 교회신도들과 하느님의 영접에 소홀함이 없도록 만만의 준비를 다했다. 틀림없이 여러 천사들을 거느리고 창공에서 무수한 빛과 우렁찬 소리를 내면서 지상에 강림할 것으로 예상했다. 교회 안팎의 지저분한 곳을 청소하고 새롭게 단장하고, 꽃다발과 음식을 준비하는 등 하느님을 맞이할 만반의 태세를 갖추어 기다렸다.

수일을 가다렸지만, 오신다는 하느님의 징조가 보이지 않았다. 일주일이 되는 날, 기다리다 지친 어느 오후 하늘에는 검은 구름이 일고 소나기가 퍼부었다. 소나기에 몸이 젖고 오랜 굶주림에 뼈만 앙상히 남은 더

러운 강아지 한 마리가 추위를 피해 교회 안으로 빠끔히 들어왔다. 하느님을 기다리다 지친 목사와 신도들은 안 그래도 짜증이 나는데, 그 더러운 강아지가 하느님이 강림할 자리를 더럽힐까봐 발로 차며 문밖으로 내쫓았다.

다음날에는 옷을 말쑥하게 차려 입은 신사 한 분이 소문을 들었다며 교회를 방문해 큰 액수의 성금을 내놓았다. 약속한 일주일이 다 지나도 하느님은 오시지 않았다. 하느님이 약속을 어긴 것이 야속한 목사는 철야기도를 하면서 꿈에 나타난 하느님께 물었다.

"하느님, 왜 오신다더니 오시지 않습니까? 모든 신도들이 준비하고 기다렸습니다."

"난 절대로 약속을 어기지 않았다. 약속대로 갔었다."

"네? 오셨다고요? 언제, 어떻게요? 전 못 뵙는데요?"

"잘 생각해 보아라."

"아, 이제 보니 지난번에 신사 한 분이 많은 성금을 주고 말없이 가셨어요. 그분이 하느님이셨군요?"

"그건 나도 모르는 일이다. 잘 생각해 보아라. 내가 언제 갔는지."

목사는 아무리 곰곰이 생각해봐도 그 신사 한 분 외에는 온 적이 없었다.

"잘 모르겠습니다."

"껄껄껄. 너희 인간은 왜 그렇게 속이 좁으냐? 네가 더럽다고 발로 뻥차 문밖으로 내쫓은 강아지가 바로 나이니라. 네가 거리로 내쫓아 얼마나 추웠는지 아직도 몸이 으스스 떨리고 감기가 걸렸어. 너희 인간이 만든 약을 먹고 지금 하늘로 가는 중이야."

위의 이야기가 우리에게 말해주는 메시지는 바로 기회의 신은 언제, 어디서, 어떤 모습으로, 어떻게 오는지를 아무도 모른다는 것이다.

다음은 무엇을 설명하고 있는지 맞춰 보자.

- 앞머리는 무수히 많은데 얼굴을 가리고 있고,
- 뒷머리는 한 올도 없고,
- 오른손에는 칼을, 왼손에는 저울을 들고,
- 어깨에는 날개가 있고,
- 스케이트를 신고 이리저리 빙판 위를 쌩쌩 달리고 있다.
- 빙판 주위에는 이것을 잡으려고 인간들이 손을 휘저으며 따른다.

이것은 인간들이 그렇게 잡으려고 안달이 난 '기회'의 모습이다. 기회를 잡으려면 순식간에 앞머리를 잡아야 잡힌다. 스케이트를 신고 빙판 위를 쌩쌩 달리고 있으니 손에 잘 안 잡힌다. 타이밍을 놓치면 뒤에는 머리가 없어 잡을 수도 없다. 그리고 날개가 있어 하늘로 훌쩍 날아가 버리면 영원히 안녕이다. 오른손에 칼과 왼손에 저울을 든 이유는 기회를 잡을 때는 항상 옳고 그름을 저울질해 본 뒤, 칼로 번개같이 후려치듯 행동해야 하기 때문이다. 우여곡절 끝에 이 기회라는 신을 잡았다 하더라도 3가지 숙제가 남는다.

첫째, 앞머리를 잡은 후, 걷어 올려 얼굴을 판단해야 한다. 사탄(실패)의 얼굴인지, 천사(성공)의 얼굴인지 사탄의 얼굴이라면 미련을 가지지 말고 즉각 떠나야 한다.

둘째, 저울과 칼을 가지고 반드시 장점, 단점을 저울질하고 칼같이 판단하고 행동해야 한다. 우물쭈물하면 오히려 그 칼에 베인다.

셋째, 놓쳐버린 기회의 신을 다시 따라잡으려고 발버둥 치면 빙판 위에 미끄러져 크게 다친다. 또한 달아나는 스케이트 칼날에 큰 상처를 입는다. 이미 떠난 버스와 여자는 쳐다보지 마라. 계속 쳐다보면 새롭게 오는 버스와 여자를 보지 못하는 최대의 우를 범한다.

여기서 간과하지 말아야 할 문제는 잡은 기회의 신의 얼굴이 사탄(실패)인지, 천사(성공)인지 판단하는 것이다. 이 결과에 따라 '고'를 하든 '스톱'을 하든 양자택일을 해야 한다. 하지만 대부분 천사의 얼굴을 하고 있어 판단하기가 쉽지 않다. 많은 사람들이 천재일우의 좋은 기회라 여기고 올인했다가 오히려 큰 낭패를 보아 패가망신하는 경우도 많고, 거꾸로 나쁜 기회라 여기고 무시해버렸지만, 다른 사람이 그걸 잡고 성공을 거두어 배가 아픈 경우도 많다.

그러면 기회의 신을 언제, 어디서, 어떻게 찾을 것인가?

어느 동양인이 런던 관광 중 거지를 보았다. 그가 손에 들고 있는 깡

통에 쓰여 있는 글귀가 유난히 눈에 들어왔다.

'당신도 배고파 보신 적이 있습니까?'

그 글귀가 너무 가슴에 와 닿아 매일 관광 나가는 길에 아침, 저녁으로 10달러씩 던져 주었다. 그러기를 한 달, 항상 있던 자리에 거지가 눈에 보이지 않았다. 관광객은 거지를 찾아 주위를 둘러보았지만 멀쩡하게 신사복을 차려 입고 있는 남자 한 사람 외에는 아무도 없었다. 거지가 자리를 옮겼나보다 하는 마음에 자리를 뜨는 찰나에 깔끔한 신사복 차림의 한 남자가 그에게 다가와 말을 걸었다.

"누구를 찾으십니까?"

"아, 예 전 여기 있었던 노숙자 한 분을 찾고 있는데요."

"무슨 이유로 찾으십니까?"

"'배고파 보신 적이 있습니까?' 하는 구걸의 글귀를 보고 가슴에 너무나 와 닿아 그 노숙자에게 매일 적선을 하였습니다. 그런데 오늘이 관광하는 마지막 날이라……."

그 남자는 그 관광객을 데리고 근처 자기 사무실로 데려갔다. 그 사무실은 누구나 다 아는 영국 최고의 재벌그룹 회장실이었다.

"앉으세요. 제 얼굴을 모르시겠습니까?"

그 남자는 얼굴을 환하게 웃으며 물었다.

"누구신지요? 잘 모르겠는데……."

관광객은 깜짝 놀랐다. 바로 그 노숙자였다.

"놀라셨죠. 제가 아시아로 사업영역을 넓히려고 그 책임자를 물색하기 위해 많은 사람을 인터뷰했는데요. 모두가 이력이 좋고 가문이 좋은 배부른 사람들뿐이었습니다. 이번 극동아시아 진출은 대단히 큰 모험이라 섣불리 맡길 수가 없더라고요. 배고파 보고, 괴로움을 당해보지 않은 사람은 감당하기 어려운 미션이라 제가 궁여지책 끝에 아침, 저녁 퇴근시간에 맞춰 그런 글귀를 쓰고 사람을 물색했던 것입니다. 'Stay hungry'라는 정신에 감동하는 사람이 바로 당신이었어요. 마침 선생님께서 이렇게 마음에 와 닿는 행동을 보여주셨습니다. 저희 회사의 극동아시아 건을 맡아주셨으면 합니다."

동양인 관광객은 극동아시아 에이전트를 맡아 크게 성공할 수 있었다.

눈보라가 세차게 내리던 밤, 어느 미국의 가구점 주인은 하루 종일 손님이 없어 문을 닫으려고 했다. 그런데 한 할머니가 가게 앞에서 부들부들 떨며 눈보라를 피하고 있는 것이 아닌가? 주인은 안타까운 마음에 나가서 할머니께 말했다.

"할머니, 추우신데 여기 안에서 기다리세요."

"아니에요. 차를 기다리고 있어서 괜찮아요."

"그래도 너무 추워요. 들어오세요."

안 들어오겠다는 할머니의 손을 잡고 난로 옆 푹신한 소파에 앉히고, 따뜻한 커피를 드렸다. 한참 지난 후, 신사 한 분이 와서 할머니를 모시고 갔다. 다음날 낯선 사람이 와서 쪽지를 하나 건네주었다.

'가구점 사장님께. 어제 저희 어머니를 보살펴 주신데 대해 무한히 감

사드립니다. 그 은혜로 저희 회사의 가구 일체를 당신 가구점에서 공급해주시길 부탁합니다. -록펠러 드림'

편지 보낸 사람은 미국 최고의 재벌 록펠러였다.

이 일화들에서 우리는 알아보기도 어렵고, 도저히 가늠할 수 없는 기회의 신을 언제, 어디서, 어떻게 찾고, 어떻게 대처할 것인가에 대해 중요한 비법을 알 수 있다. 그 비법은 다음과 같다.

'만나고 부딪치는 모든 일에 최선을 다하라.'

Point

1. 한번 지나간 기회는 똑같은 모습으로 두 번 다시 오지 않는다.

2. 많은 사람들이 기회라는 신을 알아보지도 못하고 그냥 지나친다.

3. 기회의 신을 대하는 인간의 시각과 태도에 따라 그 기회의 신은 달라진다.

4. 위기는 기회의 어머니고, 기회는 위기의 어머니이기도 하다.

5. 위기와 기회를 알아보는 눈, 그것이야말로 부자가 되는 지름길이다.

6. A에게 최대의 위기는 B에게 최고의 기회이고, A에게 최고의 기회는 B에게 최대의 위기일 수 있다.

인생은 B_{birth, 탄생}와 D_{death, 죽음} 사이의 C_{choice, 선택}다

시공을 초월해 가장 현세인에게 가슴을 찡하게 해주는 금과옥조와 같은 고사성어.

'결초보은結草報恩'

글자 그대로 해석하면 풀을 엮어 은혜를 갚는다는 뜻이다. 그 유래에 대해 알아보자. 중국의 춘추전국시대, 진秦나라의 호랑이 같은 장수 두회와 진晉나라 장수 위과의 전투에서 위과는 항상 패하였다. 잠을 이루지 못하고 고민하다가 새벽녘에야 설핏 잠이 든 위과는 꿈결에 '청초파로青艸波虜'라는 소리를 듣고 잠에서 깨어났는데, 하도 이상해서 이리저리 탐문한 끝에 멀지 않은 곳에 '청초파'라는 언덕이 있다는 사실을 알았다.

꿈의 해몽 결과 '적장 두회를 청초파로 유인하라'는 암시로 보여 다음 날 두회를 청초파로 유인하여 그곳에서 전투가 벌어졌는데 도무지 믿기지 않는 일이 생겼다. 용맹스럽던 두회가 혼자 비틀거리며 꼼짝을 못하는 것이었다. 위과의 눈에만 도포를 입은 노인이 청초과 둑위의 푸른 풀을 한 묶음씩 갈라 두회의 발을 묶고 있는 것이 보였다. 그 틈을 이용해 위과는 두회를 잡아 큰 공을 세울 수 있었다.

그 후부터 위과는 오랜만에 편한 잠을 잤다. 꿈속에 풀을 엮어 두회의 발을 묶던 그 노인이 나타나 말했다.

"내가 두회의 발을 풀로 묶었기 때문에 두회를 꼼짝 못하게 할 수 있었던 거요."

"이 은혜를 어떻게 갚아야 할지 모르겠습니다."

"아니오, 이 늙은이는 이미 당신으로부터 은혜를 받았고, 나는 그 보답으로 당신에게 은혜를 베푼 거요."

"은혜라니요, 무슨?"

위과는 자기가 생면부지의 그 노인에게 은혜를 베풀었다는 말이 도무지 이해가 안 되었다.

"장군은 조희라는 여자를 아시오? 내가 그 조희의 애비 되는 사람이오."

"예, 잘 압니다. 바로 저의 선친 어른이 가장 총애했던 여자입니다."

"장군은 장군의 선친이 돌아가셨을 때, 내 딸을 좋은 곳으로 개가시켜 주어 살려준 은인이오. 나는 저 세상에서도 항상 장군의 은혜에 보답하려고 벼르던 중, 마침 기회가 되어 조그만 힘을 보태어 준 것입니다."

그러고 보니 위과는 까맣게 잊고 있었던 선친이 돌아가실 때의 일이 생각났다. 본래 그의 선친 위주는 평생을 전쟁에 나가 수많은 공을 세운

백전노장의 훌륭한 장수였다. 그에게는 사랑하는 아름답고 젊은 애첩이 한 명 있었는데, 바로 조희라는 여자였다. 선친 위주는 전쟁에 나갈 때마다 젊은 애첩의 장래를 근심해 아들인 위과에게 이런 당부를 하곤 했다.

"내가 혹시 싸움에 나가 죽게 되면, 조희를 착한 선비에게 개가시켜 행복하게 살게 해주어라."

그런데 불행하게도 위주는 장군이면서 전쟁에서 죽지 않고 늙고 병들어 집에서 죽게 되었다. 위주는 마지막 숨을 거두기 전 혼미한 상태에서 사랑하는 애첩 조희에 대한 유언을 하였다.

"내가 무덤에서 외롭지 않도록 저 여자를 순장하여라."

위과와 가족들은 당시 순장이 풍습이었기에 그 유언을 다짐하고 마음에 새겼다. 당시 순장의 유언이 떨어지면 그 당사자는 어떻게든 도망가기 위해 몸부림쳤다. 그러나 위과는 조희라는 여자가 자기를 순장시키라는 유언에도 불구하고 초연하고 침착하게 순장 받을 준비를 하고 있는 것에 마음이 동요되어 조희를 돈은 없지만 마음씨 좋은 선비에게 재물까지 주어 시집을 보내 주었다. 그러자 동생을 비롯한 여러 가족들이 아버지의 유언을 따르지 않는 이유를 물었다. 위과는 다음과 같이 대답했다.

"나는 유언을 충실히 지켰다. 어느 것이 진정한 아버님의 유언이겠느냐? 평생을 전쟁터에서 보내신 아버님이 병들고 노망하시어 임종의 자리에서 혼미한 정신으로 하신 말씀이 진정한 유언이겠느냐? 아니면 평소 전장에 나가면서 맑은 정신으로 하신 말씀이 진정한 유언이겠느냐?"

가족들은 위과의 넓고도 합리적인 처사에 고개를 끄덕거렸고 감탄했다. 위과 덕분에 무고한 여인이 목숨을 구하고 시집을 간 뒤 오랜 세월이 흐른 다음, 그 여자의 아비 혼령이 나타나 그 은혜를 갚아주었다.

여기에서 우리가 주목해야 할 점은 은혜를 갚았다는 것이 아니라, 위과의 의사결정 방법이다. 인간은 태어나면서부터 죽을 때까지 의사결정에서 자유로울 수 없다. 언제 어디서 어떻게 무엇을 할지 선택하지 않으면 안 된다. 어떻게 선택을 하느냐에 따라 인생은 180도 변할 수 있다. 따라서 최선의 선택을 하는 것이 현대인이 직면한 가장 크고 중요한 문제다.

사람은 '노사희비공우경怒思喜悲恐憂驚'이라는 7가지 비정상적 정신상태, 즉 '노하거나 사색하거나 기쁘거나 슬프거나 두렵거나 우울하거나 놀란 상태'와 '온穩'이라는 평온의 상태가 끊임없이 돌고 돈다. 이 8가지 정신상태는 순서와 차례도 없이 뒤죽박죽으로 나타난다. '온공우경노사희비'가 되었다, '온온온경사희희경'이 되었다, '경우공비희사노온' 등이 되었다가 사라졌다를 반복하며 인생을 다양하게 채색하는 것이다.

'온'이 아닌 '노사희비공우경'의 상태에서는 정상적인 판단이 어렵고 논리보다는 감정이 앞서게 된다. 이 일탈된 감정에서의 선택은 최선의 의사결정이 아니라 최악의 의사결정을 하게 된다.

1. 노(怒)—화날 때

과격한 방법을 선택하게 되고, 마찰이 극심하게 됨.

2. 사(思)-그리워할 때

우유부단한 방법을 선택하게 되고, 해결책이 안 됨.

3. 희(喜)-기쁠 때

아무 방법이나 선택하게 되고, 이해를 따지지 못하게 됨.

4. 비(悲)-슬플 때

될 대로 되라는 식의 방법을 선택하게 되고, 무관심 상태가 됨.

5. 공(恐)-두려울 때

아무것도 결정 못하게 됨.

6. 우(憂)-우울할 때

비관적인 방법을 선택하게 되고, 극단의 상태로 몰고 감.

7. 경(驚)-놀랄 때

정도를 벗어난 해괴망측한 방법을 선택하여 고립됨.

따라서 인간이 내린 잘못된 의사결정의 대부분이 바로 이 '노사희비공우경'이라는 혼미한 정신 상태에서 비롯된다. 결초보은의 고사성어에서 얽힌 이야기가 주는 교훈은 무엇일까? 혼미한 정신 상태에서 내린 의사결정은 그릇된 방향으로 갈 수 있으므로 어떤 선택을 할 때는 바로 이 '칠정(노사희비공우경)'의 상태가 배제된 깨끗한 온(穩)의 상태에 있을 때 하라는 것이다. 만일 당신이 이 칠정의 상태에서 헤어나지 못하고 있다면, 의사결정을 잠시 보류하는 것도 현명한 방법이라 하겠다.

사람인 이상 '온온온온온온온온'의 정신상태가 계속될 수가 없는 것이다. '노사희비공우경온'의 8가지 구조상 온穩이 8분의 1의 비중으로 오겠지만, 가능한 한 이 8분의 1 수준의 온穩 비중을 최대한 늘려서 4분의 1수준까지 늘리는 마음의 수련을 해야 할 것이다. 이것이 잘 안된다면 의사결정을 해야 하는 시간만큼은 항상 온穩의 정신, 다시 말해 평온의 정신으로 가다듬자.

Point

1. 성공은 능력이 아니라 선택에 달려있다.

2. 선택을 잘하는 것도 하나의 능력이다.

3. 선택은 99%의 잠재의식에서 발아된다.

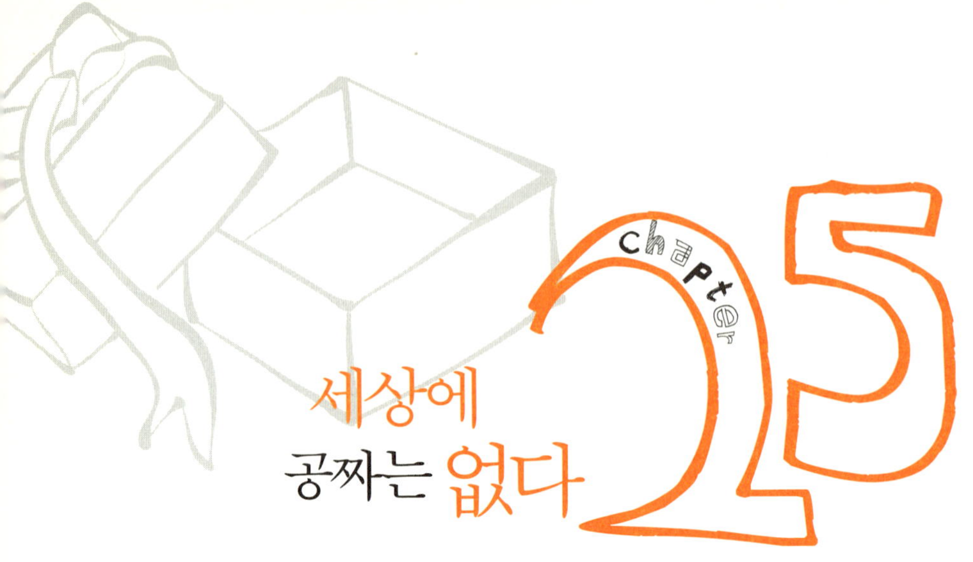

세상에 공짜는 없다

어느 왕이 유능한 신하들에게 교훈으로 삼을 만한 명언집을 만들라는 지시를 내렸다. 그들은 심사숙고하여 세계만방에 있는 유익한 속담, 일화, 잠언 등을 모아 책 10권으로 만들어 왕에게 바쳤다.

"10권을 다 읽으려면 살아있는 동안에 힘들겠다. 한 권으로 줄여라."

왕의 명령에 신하들은 각고 끝에 한 권의 책을 바쳤다.

"책 한 권을 언제 읽겠느냐. 10페이지로 줄여라."

신하들은 다시 머리를 맞대어 책 한 권을 10페이지로 압축하여 왕에게 올렸다.

"10페이지도 많다. 언제 백성들이 따라하겠느냐. 더 줄여라."

신하들은 할 수 없이 거두절미하여 한 페이지로 요약정리하여 올렸다.

"모든 백성들이 딱 보면 알 수 있도록 한 줄로 줄여라."

머리 좋고 지식과 경험이 많은 신하들이 일주일을 골똘히 생각한 끝에 금과옥조와 같은 한 줄 명언을 만들었다. 왕은 박식한 신하들이 과연 어떤 짧은 명언을 선택했는지 궁금했다. 그 명언을 본 왕은 고개를 끄덕이며 말했다.

"인간에게 교훈을 주는 가장 짧으면서도 가장 깊은 뜻을 주는 최고 명언이오."

극찬한 왕은 그 명언을 만든 신하들에게 큰 상을 내리고, 전 백성들에게 주지시켜 인생의 길잡이가 되도록 하였다. 그 명언은 아래와 같았다.

'세상에 공짜는 없다'

이 말은 어떤 사건의 원인과 결과 사이에는 반드시 대등한 인과관계가 존재한다는 것이다. 원인 없는 결과가 있을 수 없고, 원인에 따라 결과물이 적을 수도 있고 많을 수도 있고, 아니면 전혀 생겨나지 않을 수도 있다.

인풋을 하지 않고 아웃풋을 바라는 것은 공짜를 바라는 것과 똑같다. 다시 말하면 인풋in put 없이 아웃풋out put이 없다는 말이다. 또한 인풋을 어떻게 활용하느냐에 따라 아웃풋이 천차만별로 달라질 수 있다. 인풋을 할 거냐 안 할 거냐 그리고 인풋한 다음 그것을 어떤 식으로 활용할 것이냐는 전적으로 자신에게 달려있다. 돈 버는 방법을 크게 다음 5가지로 구분할 수 있다.

1. 돈 많은 사람과 결혼
2. 부모로부터 상속

3. 사기 등 부정한 방법

4. 복권 당첨

5. 노력

이 중 5를 제외한 나머지 방법은 원인은 없고 결과만 있다. 이는 모래성과 같기 때문에 밑에서 받쳐 주는 튼튼한 기반이 없어 금방 무너져 버린다. 원인 없는 결과는 쉽게 무너지는 법이다.

왜냐하면 원인in put과 결과out put가 대등하지 않으면 지렛대같이 한 쪽이 기울어지게 되어 있고, 평형을 맞추기 위해 무거운 쪽이 내려놓는 것이 세상 이치이기 때문이다.

5를 제외한 방법으로 돈을 번 사람들의 지불 형태를 보면 대다수가 우선 차를 바꾸고, 다음 집을 바꾸고, 별장을 사고 마지막으로 마누라를 바꾼다는 웃지 못할 통계도 있다. 그래서 결국에는 패가망신하는 절차를 밟는다는 것이다. 반면 5에 의한 돈 벌이는 원인의 비중이 무거운 바 결과물에 대해 소홀이 하지 않고 더욱 발전하는 방법을 강구한다는 것이다.

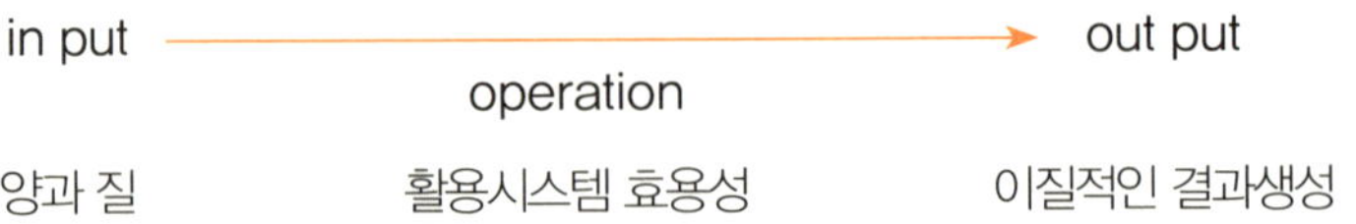

모래성 같은 1, 2, 3, 4 방법도 공짜는 없다. 부자와 결혼하려면 외모를 많이 가꾸고 애교를 떨어야하고, 부모로부터 상속받으려면 효도를 해서 부모의 환심을 사야하고, 사기를 치려면 많은 거짓말을 해 상대방으로부터 신뢰를 얻어야 하고, 복권이 당첨되려면 매일 복권을 사야한다. 어떤 방법이든 돈 벌기는 어렵다는 말이다.

필자가 아는 어떤 복권 당첨자는 공짜로 돈 벌었으니, 술 한턱 내라는 주위의 말에 쓴웃음을 지으며 다음과 같이 말한 적이 있다.

"아니, 내가 왜 술을 삽니까? 당치도 않아. 진짜 당신들 말대로 내가 공짜 돈 벌었다면 내가 얼마든지 술을 사지. 그런데 그렇지 않아. 오히려 공짜로 술 얻어먹으려는 당신들이야말로 나한테 위로주 한잔 사야 돼."

"여보시오. 복권 당첨된 사람한테 위로주라니 말도 안 되는 소리!"

"내가 복권 당첨이 공짜로 된 것 같아 보이지? 내가 복권에 당첨되기까지 얼마나 많은 노력을 기울였는지 당신들은 모를 거요. 매일 복권을 10년 동안 샀어. 아무 때나 아무렇게나 사는 게 아니라 매일 복권 사기 전 새벽, 목욕재계하고 정갈한 마음으로 기도한 후, 실제 복권 당첨기모형의 기계를 돌려 숫자 조합을 받은 후, 30분의 명상으로 육감을 최적화시킨 후, 최종적으로 복권을 사는 그야말로 피눈물 나는 연습과 훈련 끝에 10년 만에 당첨된 것이오. 그런데 이게 무슨 공짜요?"

모두가 그의 정성에 감탄해 거꾸로 위로주를 샀다는 웃지 못할 이야기가 있다.

호수가에 아름다운 자태를 뽐내며 유유히 헤엄치며 거닐고 있는 백조를 보고 한 남자가 말했다.

"백조야! 너는 좋겠다. 그렇게 한가롭게 유유히 거닐면서 아름다운 자태를 뽐내고 있으니 행복하겠다."

백조 왈,

"내가 지금 한가롭게 거니는 줄 아시오? 지금 이 자태를 뽐내기 위해 물 밑에 있는 내 두 다리는 쉴 새 없이 바삐 움직이고 있소. 힘들어 죽을 지경이오."

'양병십년養兵十年 용병일시用兵一時'라는 말이 있다. '군사를 한번 일으키는 것은 사전에 10년 동안 지식과 정보를 모아 분석, 훈련하고 판단한 연후에 한다'는 의미다.

이처럼 우리가 아웃풋을 얻기 위해서는 10대는 지식 함양, 20대는 경험 쌓기, 30대는 안목 고양, 40대는 체력과 마인드 제고, 50대는 운명 개척을 위한 인풋에 투자를 아끼지 말아야 할 것이다.

Point

1. 제품out put에만 관심이 있지 원가in put에는 관심 없는 경우가 많다.

2. 원가관리만 잘하면 손해 보지 않는다.

3. 인풋은 인간의 영역이지만, 아웃풋은 신의 영역이기도 하다.

4. 먼저 아웃풋의 그림을 그리고 그에 맞는 인풋을 결정하자.

똑똑함이라는 무기는 감추고 써라

어떤 일을 야무지게 잘하는 사람을 '똑소리 난다'고 한다. 이 '똑소리'가 형용사로 '똑똑하다'로 변한 것 같다. 똑똑하다는 것은 지식과 경험이 풍부하고 그것을 상황에 맞게 응용하고, 주위의 변화에 능동적으로 기민하게 움직이고, 수집된 자료를 바탕으로 현명하게 판단하는 능력을 일컫는다. 그야말로 완벽하게 일을 잘 처리하는 사람을 가리킨다.

아마 이 세상에서 가장 듣기 좋은 말은 타인 혹은 상사로부터 '똑똑하다'는 말일 것이다. 이 똑똑함이 일을 처리하는데 반드시 없어서는 안 될 중요한 무기임은 의심의 여지가 없다.

똑똑한 사람과 그렇지 못한 사람과의 일 처리 능력은 하늘과 땅 차이다. 그래서 직원 채용, 스카우트나 승진심사 시 제일 먼저 판단의 기준이 되는 것이 역시 '똑똑하냐 아니냐'인 것 같다. 면접관들의 인터뷰 결과, '똑똑하다'는 느낌이 들면 합격이고, '똑똑하지 못한 것 같다'는 느낌이

들면 불합격인 것이 상례다.

필자가 중요한 일을 시킬 때는 무조건 똑똑한 사람에게 시킨다. 그렇지 않으면 일을 시킨 상사입장에서 불안해진다. 아무리 근면하고 성실해도 똑똑하지 못하면 승진가도에 올라서기는 어려울 것이다. 물론 짤리지는 않겠지만 이는 연민과 동정으로 인한 현상 유지일 뿐이다.

그래서 우리는 반드시 '똑똑함'이라는 무기를 갖춰야 한다. 어떻게 하면 남이 볼 때 이 무기를 갖추고 있는 것으로 보이게 할 수 있을까?

첫째, 박식해야 한다.

상사의 질문에 "잘 모르겠는데요"라는 답은 쥐약이다. 그것보다 "아, 그거요? 이러이러한데요, 자세한 것은 곧 보고 올리겠습니다" 식의 답이 나올 수 있도록 많은 지식과 정보를 접하고 제 것으로 만들어야 한다.

둘째, 말이 또렷해야 한다.

말투가 흐리멍덩한 것은 듣는 이로 하여금 짜증나게 하고 자신감이 없어 보인다.

셋째, 경험이 부족하면 남의 경험을 자기 것으로 만든다.

상사의 질문에 "이런 사례가 있습니다"라는 말은 더욱 신뢰를 쌓이게 한다.

앞뒤가 안 맞는, 논리의 비약이 있는 의견은 백치로 보인다.

'똑똑함'이라는 무기는 잘 쓰면 약, 못 쓰면 독이 되는 양면성을 가지고 있다.

필자가 아는 모 대기업의 K부장은 똑똑함이라는 무기를 보유하기 위해 엄청난 노력을 한 사람이었다. 신입사원 때부터 시간만 나면 밤늦게까지 자기가 맡은 일뿐만 아니라 회사 전반, 세계 경제, 경쟁사 현황 등 여러 방면에 걸쳐 많은 지식과 정보를 습득했다. 세무전공이 아닌데도 세무회계를 꿰차고, 업무에 필요한 정보는 스크랩하여 자기 것으로 만드는 등 자기 계발에 힘썼다.

그러다 보니 회장이 주재하는 회의에서 K부장의 똑똑함이 드러나고, 회장은 담당임원보다 K부장을 더 자주 찾았다. 담당임원과 배석하여 보고할 때도 자꾸 회장의 질문이 K부장에게 쏠리니 담당임원은 체면이 말이 아니었다. 담당임원은 K부장에게 자리를 뺏기는 게 아닌가 자존심도 상하고, 회장 앞에서 자기보다 앞서 미리 말하는 부장이 얄미웠다.

절치부심한 담당임원은 K부장을 지방현장으로 전근 조치해버렸다. 회장이야 부장급인 직원들한테까지 신경 쓸 여유가 없으니, 자연스레 K부장은 회장의 시야에서 사라져버렸고, K부장은 분에 못 이겨 사표 내고 회사를 떠났다.

K부장의 인사권은 회장이 아닌 담당임원이 가지고 있다. 부하의 똑똑

함이 인사권자의 자리를 위협하는 꼴이 되어버린 셈이고, 이는 급기야 K 부장에게 거꾸로 해가 되었다.

필자가 아는 다른 B부장은 자신의 똑똑함을 철저하게 담당임원에게 전가해버렸다. 회장에게 보고할 때도 B부장은 배석도 하지 않고 오로지 담당임원을 통해서만 자신의 똑똑함을 내보였다. 그러니 자연히 담당임 원이 돋보이고 그는 회장의 신임을 독차지 했다. 그 담당임원은 자연스레 B부장의 공로를 인정해 승진시켰고, 현재 B부장은 그 대기업의 잘 나가 는 경영진이 되어 있다.

중국의 유명한 고사가 있다. 삼국지의 위나라 조조에게는 양수라는 아주 똑똑한 전략가가 있었다. 조조가 어느 재상의 새로 지은 집을 방 문하고는 대문에다 '活'이라는 글자를 썼다. 재상은 무슨 뜻인가 하고 궁 금해 양수에게 물었다. 양수는 얼른 그 재상에게 집을 줄이라는 조조의 속마음을 전해주었다. 즉 대문에 '活'을 쓴 것은 광활한 '闊'을 뜻하는바 집이 너무 크다는 뜻이다. 재상은 집을 팔았고 그 얘기를 들은 조조는 양수의 똑똑함에 기가 찼다 한다.

조조가 두 아들 조비와 조식 중 후계자를 정하기 위해 여러 가지 시 험을 했다. 어느 날 조비에게 궁 밖을 나가 반드시 무엇을 구해오도록 시 켰다. 그리고는 궁문의 수비대장에게는 조조의 허락 없이는 어느 누구도 출입을 못하도록 했다. 조조의 명을 받은 조비는 궁궐을 나갈 수 없었 고, 아무것도 못하고 돌아왔다.

조조는 똑같은 지시를 조식에게도 시켰다. 조식이 양수에게 도움을 청하자 양수는 아버지 조조가 아들들의 대담함을 시험해 보는 속셈이라며 가로막는 수문대장을 한칼에 베고 문밖으로 나가라는 조언을 했다. 조식은 양수의 말대로 했고 이를 안 아버지 조조는 양수의 똑똑함에 경계를 했다고 한다.

조조가 유비와 한중쟁탈전을 할 때 어느 날 밤의 군호를 '계륵'이라 지었다. 이를 들은 양수는 현재 하고 있는 전쟁이 버릴 것도 취할 것도 없는 애매한 상황이라는 조조의 속마음을 알고는 군대의 철수를 미리 준비시켰다. 이를 안 조조는 양수의 똑똑함에 크게 분노했다고 한다.

결국 조조는 양수의 똑똑함에 처음에는 기가 찼고, 점차 경계를 하게 되었고, 나중에는 분노하게 되어 죄를 뒤집어 씌어 죽여 버렸다. 이 중국 고사는 똑똑함을 너무 휘두르게 되면 득보다는 해가 될 수 있음을 우리들에게 가르쳐 주고 있다.

필자는 조직 내에서 똑같이 두 개의 태양이 빛나는 것을 좋아하는 조직의 장을 본적이 없다. 조직의 장은 자신을 밑에서 아무도 모르게 뒷받침해주는 똑똑함을 원하지 자신의 자리를 위협하는 똑똑함을 좋아하지 않는다.

1. 똑똑하다는 것은 일을 이루기 위한 전제조건이다.

2. 똑똑하다는 것은 자신이 가진 무기 중 가장 좋은 무기다.

3. 똑똑하다는 평을 받을 때 우리는 삶의 가치를 느낀다.

4. 똑똑해지는 것보다 똑똑함을 유지하기가 더 어렵다.

5. 똑똑함을 유지하기 위해 항상 노력해야 한다.

6. 똑똑하다고 자만하는 것을 늘 경계해야 한다.

사람을 크게 3부류로 나눌 수 있다.

첫째, 무슨 일이든지 긍정적인 사고방식으로 앞뒤 가리지 않고 무조건 된다는 '예스맨'

둘째, 무슨 일이든지 예스와 노를 확실히 구분하지 않고 애매모호한 태도를 취하는 '쏘쏘맨'

셋째, 무슨 일이든지 부정적인 사고방식으로 문제점을 짚어나가는 '노맨'

'쏘쏘맨'은 대부분 오너가 아닌 샐러리맨에서 많이 볼 수 있는 전형적인 모습이다. 가만히 있으면 편안히 월급 받고 퇴직할 수 있는데, 괜히 도중에 일 저질러 짤리는 모험을 할 필요가 없는 것이다.

‘예스맨’에는 주로 오너의 측근에서 갖은 아부와 손바닥 비비기로 기회를 엿보는 출세지향주의자들이 많다. 이들은 오너의 기분을 맞춰 주기 위해 오너의 의견이라면 무조건 옳다는 식의 해바라기 성향들을 가지고 있다.

‘노맨’은 소신파들이 분기탱천해서 오너의 의견에 반기를 드는 모습인데, 대부분 오너로부터 미움을 받는다.

어느 부류가 진정 회사를 위하고, 오너에 충성하며 상하조직을 융화시키고 혁신과 미래 발전을 도모할 수 있는 인재가 될 수 있을까.

필자는 오랜 경험을 통해 확실히 말할 수 있다. 모든 오너는 벌이기를 좋아한다. 이 속성을 거슬릴 만한 용기와 능력이 예스맨에게는 없는 것이다. 예스맨은 사리 분별력이 떨어져 조직에 엄청난 재앙을 안겨 줄 프로젝트까지 모두 오케이 한다. 또한 근시안적으로 오너와 불화를 일으키기 싫고, 결과는 어떻든 간에 지금 당장 칭찬을 받고 싶은 것이다.

실제 예스맨을 얼핏 보면 긍정적이며 추진력이 있고 호인으로 비쳐지기 쉬워 모든 사람들이 좋아한다. 그러나 이 무분별한 액셀레이터는 조직을 금방 절벽으로 밀어뜨린다.

필자가 컨설팅한 모 회사는 모든 임원들이 무슨 일이든지 하면 된다는 긍정적 사고로 많은 프로젝트를 무리하게 추진, 회사를 위기에 빠트렸다. 일단 ‘예스맨’으로 모양을 갖추면 부정적 시야를 가지기 힘들고, 자기 함정의 개구리가 되어 밖을 못 보는 실수를 저지른다.

반면 ‘노맨’은 부정적으로 보이지만 조직을 큰 위기로 빠트리지 않을

뿐만 아니라, 확실한 준비와 대처로 더 큰 성공을 끌어올 수 있다.

역사적 인물의 대표적 노맨을 들어보겠다. 중국 당나라 현종 때 한휴라는 신하가 있었다. 한휴가 어찌나 황제에게 싫은 소리를 해대는지 황제뿐만 아니라 다른 신하들에게도 미운털이 박혀있었다.

어느 날, 한 신하가 한휴를 제거하기 위해 황제에게 아뢰었다.

"폐하, 한휴가 재상이 된 이후로 폐하의 용안이 무척 수척하고 야위었습니다."

그 신하는 언중유골로 폐하의 건강을 위해 한휴를 경질할 것을 비친 것이었다. 그러나 현종이 말했다.

"그래, 그 잔소리 많고 맨날 안 된다고 말해 나는 그동안 엄청나게 야위었다. 그러나 천하와 백성은 살찌지 않았는가."

미국에서 가장 존경을 받는 루즈벨트 대통령에게는 항상 비판자 역할을 서슴지 않았던 루이 하우라는 보좌관이 있었다. 노맨의 성향으로 루이 하우는 대통령이나 다른 측근들로부터 경계를 많이 당했지만, 대통령이 하반신 마비로 쓰러졌을 때는 7년 동안 병상을 지키며 가장 가까운 위치에서 비판자 역할을 충실히 해내 결국 루즈벨트 대통령을 위대한 대통령으로 만들었다. 루즈벨트 대통령은 당시를 회상하며 다음과 같이 말했다고 한다.

"나와 루이 하우가 다시 태어난다면 내가 루이 하우로 루이 하우가 대통령으로 태어났으면 좋겠다. 은혜를 갚고 싶다."

필자의 예를 들어보겠다. 어느 날 회장이 집무실로 불러 경기도 신

대도시에 대형병원을 지을 것을 지시했고, 그 옆에는 무조건 벌이기로
유명한 P전무가 배석하고 있었다.

"김 상무, 이 병원 그룹차원에서 짓도록 추진해!"

필자는 회장이 내민 자료를 훑어보았다. 경기도 일대의 환자를 끌어
모으기 위한 전략의 일환으로 100페이지에 달하는 보고서였다. 엄청난
노고와 비용이 들어갔음은 보고서만 보아도 짐작이 갔다. 이미 필자의
그룹에는 대학병원이 있어 경기도 남부지역의 의료수요를 거의 다 흡수
하고 있었다. 필자는 거침없이 말했다.

"회장님, 안 됩니다. 우리 그룹의 재무상태상 불가능합니다."

'안 된다' 소리에 회장을 비롯하여 그 옆에 배석한 P전무는 얼굴에 웃
음이 싹 가셨다. 기존의 대학병원을 필두로 순환식 의료망을 만들어 치
적을 앞세우려 했던 환상이 한방에 무너질 것 같은 분위기였다.

"무슨 소리야. 우리 그룹이 이 정도 자금도 마련 못해?"

"회장님, 자금이야 부족하면 은행에서 대출받으면 되죠. 자금 부족이
아니라 자금집행을 못한다는 겁니다."

"자금이 있는데 집행을 못한다니. 그건 또 무슨 뚱딴지같은 소리야.
자금을 마련했으면 집행하면 되지!"

절치부심 자기의 공적을 쌓으려던 P전무는 안달이 나 거들었다.

"김 상무님, 이 프로젝트를 만들려고 컨설팅비용이 30억 원 들었어
요. 지금 회장님한테 다 허가를 받고 지시하는데 항명입니까?"

"항명이 아니라 모든 일에는 문제가 있기 마련인데, 그 문제를 짚어

얘기 한 것입니다. 추진하게 되면 약 1500억 원의 세금을 내야 합니다."

회장은 역정을 냈다.

"그게 무슨 소리야?"

"회장님, 이 자금은 병원을 운영할 공익법인에 기부해서 건축이 들어가야 합니다. 그런데 영리법인이 아무 까닭도 없이 이익금의 대부분을 기부해버리면 기부금은 비용으로 인정되니까 세금 낼 것이 하나도 없습니다. 그래서 이걸 방지하기 위해 일정 한도 이상으로는 기부하지 못하게 하는 법적 제한장치가 있습니다. 기부한도가 없으면 기부할 때 비용으로 인정받지 못해 그에 따른 세금을 별도로 내야 합니다. 결국 5000억 원을 기부하면 세금이 1500억 원 추징되어 6500억 원의 자금이 있어야 합니다."

"김 상무, 우리 회사에 기부한도 있는 회사가 있을 것 아냐? 찾아봐!"

"없습니다. 지금 모든 회사가 한도 다 찼습니다."

"한도가 없다니? 어떻게 관리하기에……."

"그동안 무분별하게 기부행위가 이루어진 까닭도 있지만 그보다는 각 사의 소득이 줄어진 것이 더 큰 원인입니다."

드디어 회장은 화를 냈다.

"야! 너는 맨날 검토도 안 해보고 무조건 안 된다 그러는데 안 되면 되게 해야지. 빨리 검토해서 되게끔 방안을 마련해봐."

"검토 하나 마나 안 됩니다. 다른 방법이 없습니다."

"진짜 안 돼?"

“예, 안 됩니다.”

드디어 폭발했다. 서류를 집어던지며 노발대발했다.

“야! 당장 사표 내! 니는 말야 맨날 안 된다야. 그렇게 해서 무슨 일을 해. 일을 되도록 해야지 무조건 안 된다 그러면 어떻게 해. 당장 사표 내!”

“예, 알겠습니다.”

집으로 돌아온 필자는 어이가 없었다. 문제점을 사실대로 말한 것인데 사표를 내라니. 새벽 3시 회장한테서 전화가 왔다.

“난데, 그것 말이야. 내가 잠도 안 자고 곰곰이 생각해봤는데 이렇게 하면 될 것 같아. 자금을 한도가 있는 우리 협력회사에 빌려주고 그 협력회사가 기부하면 어때?”

회장은 가까스로 아이디어를 생각해내어 자신만만했다.

“안 됩니다.”

“또 안 된다야. 도대체 뭐가 안 돼!”

회장은 고함을 질렀다. 그때는 필자도 화가 나 목소리가 높아졌다.

“회장님, 만약 협력회사에 빌려주면 그 협력회사와 우리 그룹은 금전 대차가 이루어집니다. 그러면 그 협력회사가 우리 그룹으로 편입되는 일이 벌어집니다. 그러면 혼란이 일어나 사회 지탄을 받는데요.”

“그건 또 무슨 근거로 그래?”

“예. 공정거래법에 규정되어 있습니다.”

“……”

회장은 아무 말도 없이 전화를 끊었다. 필자는 짐을 챙기고 다음날 사표를 제출하려는 찰나 회장으로부터 또 전화가 왔다.

"난데, 한 가지 물어보려고."

"회장님, 전 사표를 냈습니다. 저한테 니는 맨날 안 된다, 사표 내라고 그러셨잖아요. 전 사표를 냈으니 이제 묻지 마십시오. 물어봐야 또 안 된다 그럴 건데요. 차라리 묻지 마십시오."

그 다음 회장의 말씀이 걸작이었다.

"니가 안 된다 안 된다 그러니 내가 자꾸 물어보지. 니가 맨날 된다 그러면 내가 왜 물어봐. 된다는 사람한테 물어볼 필요가 없는 거야. 니가 안 된다 안 된다 그러니 자꾸 물어보는 거고 그 과정에서 문제점을 발견하고 해결하는 거지. 나도 인간이야. 안 된다 그러면 신경질 나. 그래서 화를 낸 거고 그러나 화는 화고 일은 일이야."

노맨에게는 반드시 갖춰야 할 대전제가 있다. 바로 안 되는 상황을 뒷받침해줄 이론적 근거와 지식이다. 이 근거와 지식 없이 무조건 안 된다고 할 때는 무식하고 융통성 없는 사람으로 낙인찍히게 된다. 예스맨의 성향이 있는 사람이 오너의 측근에 있어 기업과 조직을 붕괴시킨 예는 이루 헤아릴 수 없이 많다. 대부분 무리한 투자집행이 뒤따르고 후유증이 크다.

노맨의 정의는 무조건 '노No' 하는 네거티브맨을 뜻하는 게 아니라 필요한 상황일 때는 과감히 '노' 할 수 있는 용기를 가진 사람을 뜻한다.

모름지기 리더는 '노'를 중요시하는 자세, 팔로워는 '노'를 자청할 줄 아는 자세가 기업경영의 안전핀 역할을 하는 것이다.

1. 이론적 근거로 무장한 '노맨'은 기업의 수호천사다.

2. 무조건 '예스맨'은 독버섯이다.

3. 무조건 '쏘쏘맨'은 좀비이다.

4. 제대로 된 '안 된다'는 애정의 다른 표현이다.

5. '안 된다'는 조직을 스스로 싸우는 체질로 만든다.

6. 기업경영은 칭찬과 격려만으로 돌아가지 않는다.

마당발이 극한 상황에서 살아남는다

'마당발'의 뜻을 사전에서 찾아보면 첫째, 볼이 넓고 바닥이 넓은 발을 뜻하고 둘째, 인간관계 폭이 넓은 사람을 지칭한다. 전자는 '안전성'을 의미하고, 후자는 '활동성'을 의미한다. 총성 없는 전쟁터라 불리는 현대의 비즈니스 세계에서 살아남기 위해서는 안전을 도모하면서도 효율적으로 활동할 수 있는 전략이 필요하다. 안전개념이 없는 활동은 화약고에 날아드는 불나비와 같고, 활동개념이 없는 안전은 미래 성장 동력을 잃게 한다.

이 안전성과 활동성은 각기 다른 어느 하나를 버리지 못하고 꼭 함께 가야 하는 양바퀴의 수레마차인 셈이다. 바로 이 안전성과 활동성의 수레마차로 무장한 마당발이 극한상황에서도 살아남을 수 있다. 마당발이 되기 위해서는 다음 7가지 필수사항을 지켜야 한다.

1. 마당발 안목

스페셜리스트보다는 제너럴리스트가 되어야 한다. 이 말은 전문분야의 지엽적인 보고정보를 통합해 효율적인 판단과 결론을 도출하기 위해서는 무엇보다 OMCOR한 안목을 가져야 한다는 뜻이다. OMCOR는 '전반적Overall', '거시적Macro', '구체적Concrete', '객관적Objective', '현실적Real'을 나타내는 단어의 첫 글자를 조합한 것이다. 이 중 한 개라도 결여되면 시한폭탄을 안고 있는 셈이다.

2. 마당발 업종

바야흐로 업종의 경계선이 없는 융합의 시대다. 경계선이 없는 경쟁시대에 한 우물만 고집하다가는 수많은 다른 우물을 경쟁자에 빼앗기게 되고, 결과적으로 한 우물의 수맥을 고갈시켜 꼼짝없이 두 손 들게 된다. 고로 전후방 인과 관계처럼 얽혀있는 수많은 업종의 특성과 동향을 세밀히 파악하고 언제든지 경쟁할 수 있는 관심과 실력을 구비해야 한다. 게임업종의 경쟁자가 스포츠업종일 수 있고, 휴대전화업종의 경쟁자가 영화업종일 수도 있다.

3. 마당발 직종

해당기업을 운영하는 사람의 면면을 보면 미래의 흥망성쇠를 대충 짐작할 수 있다. D기업은 수출과 금융전문가들로, S기업은 경리전문가들로, H기업은 기술전문가들로, L기업은 협력구매전문가들로, A기업은 기획

전문가들이 많이 포진해 있다. D기업은 무리한 외면 확장으로 붕괴되는 아픔을, S기업은 철저한 원가관리로 거대한 이익실현을, H기업은 각자의 기술대로 분산을, L기업은 구매 분야의 통합으로 활성화를, A기업은 기획력을 바탕으로 한 신중함을 보여 주었지만, 한 직종에만 치중된 면면은 득보다 실이 크다.

4. 마당발 인맥

주변에 있는 사람을 잘 관리하고 다스려야 한다. 기업을 둘러싸고 있는 네트워크를 살펴보면 위에서 누르고 있는 정부지자체와 채권금융기관이 있고, 옆으로 연결되어 있는 경쟁기업, 협력기업이 있으며, 아래로는 소비자들이 연결되어 있다. 이 인맥을 잘 다스리지 못하면 정부와 채권자들로부터 규제와 자금압박을, 경쟁기업과 협력기업으로부터는 마찰과 도전을, 소비자들로부터는 외면 받게 된다. 고로 기업을 영위하는 사람은 발이 닳도록 뛰어다니며 정부, 금융기관, 거래업체, 소비자와 만나 소통과 설득을 할 수 있는 인맥을 평소에 쌓아두어야 한다.

5. 마당발 지식정보

급변하는 환경 속에서 어느 누구도 앞날을 예측할 수 없는 시대를 살고 있는 지금, 다가오는 미래환경의 지식정보를 먼저 예측하여 대비책을 세우는 길만이 기업을 살아남게 하는 유일한 길이다.

기업에 필요한 지식정보는 주요 국가경제동향, 정부지자체정책, 환율,

금리, 국제원자재동향, 주식시장, 부동산시장, 금융시장동향, 경쟁사동향, 수요와 공급현황, 소비자트렌드, 기술혁신동향 등을 꼽을 수가 있는데, 이밖에도 기업경영과 관련된 정보는 헤아리기 힘들 정도로 많다. 세상만사 모든 것이 기업에 영향을 미친다고 해도 과언이 아니다.

기업을 영위하는 사람은 지식정보에 관한한 어떤 것도 유익하지 않은 게 없다는 심정으로 다다익선多多益善, 즉 많이 알면 알수록 기업경영에 도움이 된다는 마음으로 끊임없는 지식정보를 습득하도록 힘써야 한다.

6. 마당발 직급

10만 명의 군사로 세계 정복의 기적을 이루었던 칭기즈 칸은 평소 부하들에게 자신을 '칸'이라 부르지 못하게 했다고 한다. 칭기즈 칸은 높은 의자에 군림하여 조직을 지휘한 것이 아니라 말을 타고 전후방을 넘나들며 겁을 먹은 병사에게 용기를 주고, 의기소침한 병사의 어깨를 두드리며 격려하고, 용감한 병사에겐 칭찬을 아끼지 않는 그야말로 전천후 경영자였다. 이렇게 함으로서 그는 전체를 아우르는 훌륭한 전술과 전략을 짤 수 있었고, 실 전투에서 100배 이상의 효과를 발휘했다.

필자가 아는 모 경영자는 훌륭한 이력과 명성을 갖춘 인물이었다. 하지만 그는 스스로 경영자로 불리는 것을 좋아했고, 하위직급인 사원, 대리, 과장, 부장들과 벽을 쌓아버렸다. 일종의 계급의식으로 임원들이 하위직원들을 맡아서 관리해줄 것으로 믿고 자신은 오직 임원들로부터만 결재사항을 보고 받았다. 현장보고가 걸러지고 왜곡되는 것도 모르고,

이 경영자는 임원들의 말장난에 현혹되어 기업실정을 간과했고, 급기야는 내부관리 부실로 거액의 손실을 내고 무너졌다.

또 다른 경영자는 이력과 명성은 별 볼일 없었지만, 자신의 약점을 커버하기 위해 스스로 경영자라는 직함을 떼고 사무실도 없애고 평사원들과 조직을 공유하기 시작했다. 그는 신입사원, 대리, 과장, 부장, 현장기능공, 누구를 막론하고 기업의 문제점과 개선방안에 관해 허심탄회하게 이야기했다. 그는 몇 년 지나지 않아 큰 성공을 거두었다. 진정한 경영자는 기업 내 어느 직급에 속한 구성원들과도 잘 융화할 수 있는 마당발 인식을 가져야 한다.

7. 마당발 사상

세계는 여러 종교, 사상, 정신, 문화 등이 혼재되어 조화를 이루며 발전하고 있다. 어느 한 가지 사상만 옳다고 고집하는 것은 미래경영전선에 나선 경영자의 사고방식으로 적절하지 못하다.

필자가 컨설팅을 담당했던 수백 명의 경영자를 분석해보면 여러 가지 유형이 있음을 알 수 있다. 자기 특정 종교 및 사상에 지나치게 심취하는 자, 특정 종교나 사상을 가지고 있지만 기업경영과는 철저하게 구분하는 자, 종교나 사상을 가지고 있지 않은 자 등으로 분류된다. 그러나 놀랍게도 수백 명의 경영자 가운데 창의와 혁신에 최고로 뛰어난 경영자는 위 어느 부류에도 속하지 않았다. 이 사람은 다름 아닌 다종교자였다.

여러 종교, 사상에 속해 있으면서 그 속에서 장점만을 골라내어 자신의 것으로 만드는 경영자였다. 여러 종교를 동시에 믿을 수 있을까? 이게 가능할까 하는 의문이 필자의 머릿속에 있었지만 그 경영자의 답변은 정확했다.

"여러 종교에서 숭배하는 신은 모두 다르지만 파고들면 하나의 신으로 종결된다. 마찬가지로 여러 사상이 다 다르지만 파고들면 하나의 사상으로 종결된다. 단 그 파고드는 절차와 과정 속에서 많은 배움과 다양성을 배우게 되어 나의 경영에 큰 도움이 된다."

즉 편향되지 않는 마당발 사상의 혼합이야말로 창의와 혁신을 끌어내는 원동력이 될 수 있는 것이다.

경영자는 안정성이라는 한바퀴와 활동성이라는 다른 한바퀴로 만들어진 수레마차에 마당발 안목, 마당발 업종, 마당발 직종, 마당발 인맥, 마당발 지식정보, 마당발 직급, 마당발 사상 등 7가지 곡식을 싣고 머나먼 황야의 길을 떠나는 소명을 가진 사람이다.

1. 이제는 선택과 집중이 아니라 다양성이다.

2. 인소싱insourcing과 아웃소싱outsourcing 말고도 크라우드소싱 crowdsourcing을 시도하자.

3. 크라우드 소싱은 소수와의 긴밀한 관계보다 다양한 다수와의 느슨한 관계를 말한다.

4. 다수와의 느슨한 관계에서 창의가 발아된다.

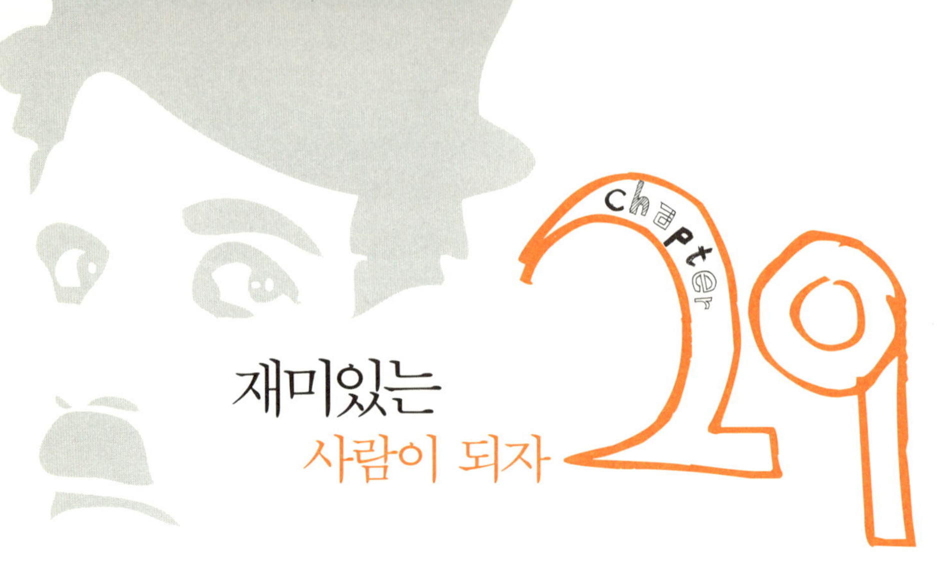

① 탤런트 ② 박사 ③ 재벌총수 ④ 운동선수 ⑤ 가수 ⑥ 작가 ⑦ 개그맨

위 7명 중 인기투표를 했더니, 1위가 개그맨이었다고 한다. 그 이유를 물은 즉, ①번 탤런트는 너무 잘생겨서 인간미가 부족하고, ②번 박사는 너무 많이 알고 유식한 말만 해 지겹고, ③번 재벌총수는 돈 많다고 거들먹거려 보기 싫고, ④번 운동선수는 단순해서 대화가 잘 안 통하고, ⑤번 가수는 프리한 면이 있어 불안정하고, ⑥번 작가는 너무 감상적이어서 기분을 맞추기 어렵고, ⑦번 개그맨은 일단 재미가 있어 좋다는 것이다. 개그맨이 가장 인기 있는 이유가 '재미있다'는 것이다.

여기서 재미있다는 어원을 한번 살펴보자. '재미있다'는 '滋味있다'에서 온 것인데, 영양분이 풍부하고 맛이 있다는 뜻이다. 일본말로는 '面白'인데 해석하면 얼굴이 희다. 즉 소중하고 귀하다는 뜻이 내포되어 있다.

중국말로는 有意思인데 해석하면 '중요한 의미가 있는 것'을 말한다.

이 3개 국어를 합하여 '재미있다' 뜻을 새겨보면 '영양분이 풍부하고 맛있으며, 소중하고 귀하며, 중요한 의미가 있는 것'을 말한다. 말 그대로 '재미'야말로 무미건조하고, 지탱하기 어려운 삶의 무게를 이겨나갈 수 있는 최대의 무기인 셈이다. 이 재미가 없다면 아무리 훌륭한 강의든 명화든 명곡이든 드라마든 공허하고 가슴에 와 닿지 않는다.

마찬가지로 치열한 경쟁 속에서 살아남을 수 있는 최고의 필살기는 유머를 갖춘 사람이다. 재미있는 사람은 상대에게 즐거움을 주기 때문에 제일 먼저 인상에 남는다. 그리고 화제가 다양하고 일방적이지 않아 밉지가 않다. 그래서 개그맨은 또 다시 만나고 싶은 사람 1순위로 꼽힌다.

A그룹의 회장은 직원들과 수시로 면접하고 대화를 나누는데, 1년에도 수천 명씩 대화를 나누다보니 별로 기억이 나지 않는다고 한다. 그러나 그중 재미있는 사람은 두고두고 머릿속에 남는다고 한다. 똑똑한 부하, 학식이 많은 부하, 외모가 출중한 부하보다 재미있는 부하가 더 기억에 남는다고 하는 것은 재미있는 사람이 가지고 있는 가장 큰 장점인 것이다.

유머로 대중을 휘어잡고, 존경을 한 몸에 받았던 인물들을 살펴보자. 제2차 세계 대전 당시 영국을 풍전등화에서 구해낸 처칠 수상과 관련된 재미있는 일화들이 있다.

• 의원시절 자주 지각을 했던 처칠을 두고 야당의원들이 비난을 했다.

"저렇게 늦게 일어나 지각을 하는 사람과 어떻게 정치를 하겠소?"

이에 처칠은 다음과 같이 말했다.

"당신도 나같이 예쁜 마누라를 두었다면 늦잠을 잘 수밖에 없을 거요. 그러나 다음부터 예쁜 마누라와 같이 자지 않겠소."

• 당시 처칠과 미국의 루즈벨트 대통령은 긴밀한 협상 중이었다. 하루는 처칠이 머무는 호텔방에 루즈벨트 대통령이 갑자기 방문을 열고 들어 왔다. 처칠은 마침 샤워를 끝내고 타월을 하반신에 두르고 있었다. 악수를 하기 위해 손을 내밀었는데, 그 바람에 하반신을 가린 타월이 흘러내렸고 주요 부위가 노출되었다. 순간 당황했으나 처칠은 곧 냉정을 되찾고는 이렇게 말했다.

"루즈벨트 대통령 각하, 보다시피 저희 영국은 각하에게 숨기는 게 아무 것도 없습니다."

• 연회석상에서 처칠은 바지 지퍼가 내려간 줄도 모르고 연설을 하고 있었다. 참석한 귀부인이 그를 향해 말했다.

"수상 각하, 바지 지퍼가 열렸습니다."

연회장 여기저기에서 폭소가 터졌다. 그러나 이 어색한 분위기를 처칠은 다음과 같이 풀어 더 좌중의 폭소를 끌어냈다.

"부인, 걱정 마십시오. 제 새장 안에 갇혀 있던 새는 열어놔도 날아가지 않습니다."

• 미국의 레이건 대통령이 괴한의 총격세례를 받고 수술대 위에 누웠다. 간호사가 옷을 벗기려고 대통령 몸에 손을 대자 그는 이렇게 말했다.

"아가씨, 제 몸을 만지기 전에 제 부인 낸시의 허락을 받아야 합니다."

이 말로 의료진과 보좌진을 웃게 만들어 삼엄한 긴장의 분위기를 풀었다 한다.

이상의 일화에서 보듯이 재미있는 행동, 처사, 결정, 언어는 주위사람들과의 관계를 편하고 부드럽게 만들어줄 뿐만 아니라, 감동하게 하여 일을 더 효율적, 성공적으로 만들어 준다. 백 마디의 좋은 이야기, 천 마디의 좋은 훈계, 만 마디의 좋은 멘토링보다 한 마디의 재미있고 감동도 있는 사연이 더 효과가 좋다.

Point

1. 재미있다는 것은 성공조건의 첫 번째 요소다.

2. 재미있는 것은 노력에 비례한다.

3. 권위, 체면, 오만, 자존심을 버릴 때 재미있어 진다.

4. 재미없다는 말은 사형선고와 같다.

범선을 타라

영국의 산업혁명이 일어나고 석탄을 때는 동력기관이 만들어져 당시 바람을 이용해 가던 범선 대신 운송수단의 혁명인 기선機船이 첫 선을 보였다. 범선을 대체해 기선을 판매하는 조선소는 느릿느릿하게 가는 범선보다 재빨리 가는 기선을 홍보하기에 바빴고 이는 선주들의 획기적인 관심을 끌었다.

실제 범선과 기선의 항해과정을 고객손님들에게 보여주자 폭발적인 수요가 일었다. 예를 들어 출발지 A에서 목적지 B로 가는 배의 항로를 그림으로 표시하면 다음과 같다.

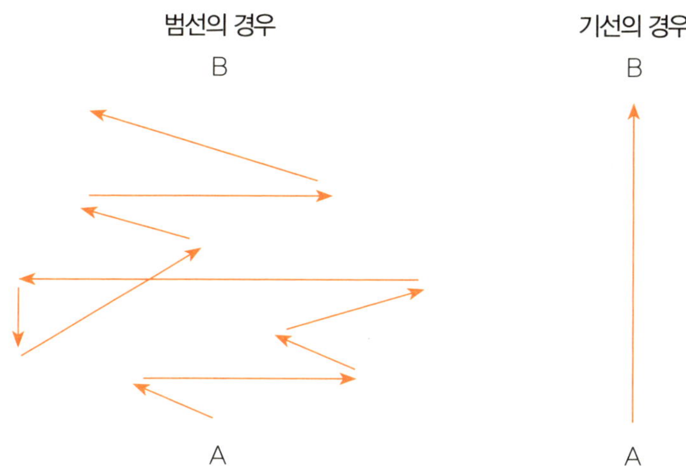

범선의 경우 바람을 이용하므로 항로가 바람 부는 대로 바뀐다. 즉 지그재그로 갈 수밖에 없다. 반면 기선은 자체의 추진동력을 이용하므로 곧 바로 목적지로 항해하게 된다. 범선과 기선의 장단점을 비교해 보면 기선이 확실히 월등하다.

1. 목적지까지 가는 속도가 훨씬 빠르다.

2. 목적지까지 가는 항로를 정확히 간다.

3. 목적지까지 가는 시간이 일정하다.

그러나 이 혁명적인 기선도 범선을 따라가지 못하는 단점이 있다.

1. 범선은 자연의 바람을 이용하므로 동력에 드는 비용이 없는 반면,

기선은 많은 석탄을 때어 동력을 얻으므로 비용이 많이 든다.

2. 범선은 연료석탄을 싣지 않으므로 화물을 적재할 공간이 많은 반면, 기선은 석탄을 많이 싣는 까닭에 화물을 적재할 공간이 적다.

3. 범선은 일일이 돛을 작업할 선원이 많이 필요한 반면, 기선은 선원이 많이 필요하지 않다.

4. 범선은 고장이 없는 반면 기선은 고장이 날 수 있다.

운송수단으로는 결국 기선으로 모두 대체가 되었지만, 인생항로를 가는 배로는 기선보다 범선이 더 낫다. 출발지는 어머니의 뱃속이지만 목적지는 아무도 알 수 없는 항로에서는 획일적인 기선보다 다소 느리지만 유연성 있고 자유로운 범선이 더 알맞다.

첫째, 불분명한 목적지를 가는데 빨리 직선으로 가야할 이유가 없다.

빨리 가봐야 죽음밖에 더 기다리겠는가. 그것보다는 지그재그로 여기저기 다녀보고 각양각색의 경험을 해보는 것이 더 인생의 맛을 풍부하게 느낄 수 있고 나아가 성공의 기회를 맞이할 확률이 더 많다.

히말라야 짐꾼인 셰르파족은 등산객의 짐을 대신 들어주고 삶을 영위하고 있다. 이들은 절대 서두르지 않는 딱 하나의 철칙이 있다고 한다. 간혹 등산객의 '빨리 빨리'라는 재촉에도 그들은 절대 페이스를 빠르게 하지 않는다. 빨리 가게 되면 영혼보다 육신이 먼저 가게 되어 영혼과 육신, 즉 혼과 백이 분리되어 히말라야 산령이 육신을 뺏어간다는 믿음 때문이다. 우리는 이 셰르파족의 믿음을 간과해서는 안 된다. 성급함은 자신뿐만 아니라 남의 영혼에서 몸을 앗아 가는 저주의 재촉인 셈이다.

항상 기회가 오면 투자할 수 있게끔, 불행이 오면 이를 극복할 수 있도록 저축해 놓아야 한다.

손을 꽉 쥐면 손안에 무엇이 들어올 수 있겠는가. 열어 놓아야 새로운 기회가 들어오는 법이다.

오죽하면 자살하는 데도 동반자살이 혼자 하는 자살보다 성공확률이 높다고 한다. 하물며 치열한 경쟁 속에서 동반자가 있음은 백배의 힘이 발산되고, 실패해도 그 고통이 백배로 경감됨은 의문의 여지가 없다.

인생의 바닷길을 가는 배로 기선보다 범선을 택하자. 범선을 타면 수많은 경험에서 수많은 기회를 볼 수 있고, 수많은 동반자들과 함께 수많은 투자와 불행을 극복할 수 있으며 비용을 절감하고 비축할 수 있다. 또 고장이 없는 낭만적인 길을 갈 수 있다.

취중관태

마케도니아의 알렉산드로 장군은 술을 매우 좋아했다. 밤이나 낮이나 술을 입에 대고 살았다. 그러나 그는 술만 먹었다 하면 일종의 주사가 있어 부하들과 측근들을 곤경에 빠트린 적이 한두 번이 아니었다. 더구나 일을 하는 낮에도 주사를 부리니 국가 일이 엉망진창이었다.

윗물이 맑아야 아랫물이 맑다는 속담처럼 자연히 그의 부하들도 닮아 상하 위계질서와 군기가 무너져버렸다. 장군은 이 버릇을 고치기 위해 애썼지만 워낙 술을 좋아해 달리 방법이 없었다. 내내 고민하던 장군은 좋아하는 술도 먹고, 부하들에게 고주망태의 모습도 보이지 않을 묘안을 생각해냈다. 바로 혼자 술을 먹는 것이었다. 홀로 술을 마시니 마음 놓고 마실 수 있고, 주사를 부릴 상대가 없어 자연스럽게 그 버릇도 고쳐져 부하들의 기강확립도 꾀할 수 있었다 한다.

'주(酒)'의 한자 뜻은 닭을 뜻하는 유(酉) 자 옆에 술이 있다는 뜻이다. 태양이 서쪽으로 지면 닭들이 둥우리에 들어가기 시작하는데, 즉 밤이 되면 그때부터 술을 마셔야 한다는 것에서 유래된 것 같다. 즉 낮에는 술을 마시면 안 된다는 뜻이고, 밤에 술로써 낮의 피곤함을 풀어야 한다는 의미일 것이다.

'취(醉)' 자는 술을 마셔 취한 상태를 의미한다. 술을 적당히 마셔야 하는데 술병의 술을 다 마셔버렸으니(卒), 술에 몸과 정신이 빼앗겨 정신이 몽롱한 것이다. 이 상태는 결국 '졸(卒)'의 상태에 이르게 한다. 졸(卒)은 우두머리가 없는 수십 명의 졸개들만 있는 것을 뜻한다. 우두머리 없는 수십 명의 졸개들의 집합은 오합지졸에 불과하다.

'가장 못생겼다'는 뜻을 의미하는 '추(醜)' 자도 술 주(酒) 자 옆에 귀신귀(鬼) 자를 끼고 간다. 황당무계하고 못된 장난만 치는 귀신이 술에 취했으니 그 모습이 가관이어 웃음이 난다.

우리는 자신의 약점과 근본을 어느 정도 위장하고 그로 인한 스트레스는 항상 우리를 압박하고 있다. 옥죄어 오는 것을 잠시나마 풀어주고 날려주는 것이 바로 술이기에 적당한 선을 준수해야지 과해서는 절대 안 된다. 주사는 상대에게 '술에 취했으니까 눈감아 주자'가 아니라 '저게 이 사람의 본모습이구나' 하고 각인시켜 준다. 술은 사람을 완전히 무장 해제시킨다.

우리가 술자리에 가서 실험해 봐도 금방 알 수 있는 것처럼 크게 다음과 같은 유형으로 분류된다.

1. 술을 마셨다 하면 시끄럽고 주사가 심한 사람

2. 술을 마시면 조용해지고 잠을 자는 사람

3. 술을 조금씩 홀짝홀짝 마시는 사람

4. 술을 마실 때 원샷을 좋아하는 사람

5. 술을 마시고 나서 기억에 없다는 사람

6. 술을 자주 먹지는 않지만, 한번 먹었다고 하면 고주망태가 될 때까
   지 마시는 사람

이를 통해 그 사람 본연의 특성과 약점을 짐작할 수 있다.

유형 1 – 평소 말이 없고 불평불만도 없고 소심하여 제 뜻을 잘 못 펴
         기 때문에 술의 힘을 빌려 약점을 커버하려는 사람

유형 2 – 평소 말이 많고 시끄러운 사람

유형 3 – 속을 다 들어내지 않는 숨기는 게 많은 사람

유형 4 – 우유부단한 사람

유형 5 – 일단 일이 터지면 본인은 빠지고 남에게 책임 전가를 잘하는
         사람

유형 6 – 평소 일을 잘 저지르지 않지만, 한번 일을 저질렀다 하면 크
         게 저지르는 사람

술자리야말로 인간을 발가벗겨 놓는 무대이기도 하다. 이 무대에 참
여한 사람들은 서로가 서로의 알몸을 보고 평가하는 장소가 되기도

한다.

수많은 역사의 발단이 술자리에서 이루어지기도 하고 깨지기도 한다.

'취중관태_{醉中觀態}'

취한 상태의 모습을 보고 그 사람을 판단한다.

필자가 A기업의 외자유치 5000만 불짜리 계약을 도운 적이 있었다. 이 기업은 특허기술을 가지고 양산자금을 위한 외자유치에 2년간 열성을 쏟아 중국투자선과 최종 외자유치 MOU를 체결하게 되었다.

이후 1년간 실사를 거쳐 최종 본 계약을 체결하고, 5일 후 외자가 들어오는 쾌거를 만들어냈다. 외자가 들어오기 바로 전날 A기업 사장과 필자, 중국투자선 대리인이 모여 축하연 파티를 열었다.

그날 사장은 긴장이 풀렸는지, 3년 동안의 긴 고행 끝에 이제 국제무대로 사세를 펼 수 있는 위치가 되자 감개무량해 주위의 시선에도 아랑곳 하지 않고 폭음을 했다. 사장의 그런 모습을 처음 보았다. 필자와 중국투자선 대리인도 눈이 둥그레졌다. 그 얌전하던 사람이 고성방가는 기본, 매너라고는 찾을 수가 없었다.

불행의 씨앗은 이때부터 싹텄다. 다음날 고대하던 외자가 들어오지 않았다. 대신 한 장의 팩스가 날아 들어왔다.

'대리인의 보고를 받았습니다. 투자대상 회사의 CEO의 취중관태를 보니 우리들의 투자자금의 안전성이 보장되는 것 같지 않습니다. 오늘부로 투자 의향을 철회하오니 참고 바랍니다.'

즉시 중국투자선에게 전화를 걸어 그 연유를 물었다.

"그 회사의 상태와 미래는 너무 좋아 구미가 당깁니다. 그러나 그 물건보다 더 중요한 게 그 물건을 움직이는 사람입니다. 사람의 행동에 따라 좋은 물건도 나쁜 물건이 될 수도 있고, 나쁜 물건도 좋은 물건이 될 수 있는 법입니다. 그래서 물건과 그 물건을 움직이는 사람을 종합적으로 판단하기 위해 저의 투자선이 대리인에게 일부러 CEO의 취중관태를 하도록 지시한 바가 있었습니다."

필자는 이때 본 중국투자선의 CEO가 보낸 편지의 '취중관태醉中觀態'라는 글귀의 한자 사자성어를 지금까지도 잊을 수가 없었다. 물론 그 회사는 지금 없어져 버렸다. '취중관태' 이 단어 하나가 잘나가려는 전도양망한 기업 하나를 죽여 버렸다.

어느 기업은 신입사원 인터뷰과정에 집단끼리 술자리를 만들어주고, 그 과정을 카메라로 몰래 촬영해 선발과정에 참고한다고 한다. 뿐만 아니라 결혼을 앞둔 연인끼리도 술자리 버릇 하나로 헤어지는 경우도 많다.

사회에서 무수히 벌어지는 극악무도한 범죄의 경우도 대부분 그 원인이 취중에서 비롯된다. 법원에서는 이를 이유로 감경하는 분위기도 있는데 이야말로 잘못된 판단이다. 오히려 '취중관태' 정신에 입각해 취중이야말로 그 사람의 숨어 있는 진정한 모습을 판단하는 기준이 되어야 할 것이다.

술은 도덕과 양심의 힘에 의해 인간 내면에 깊숙이 숨어 있는 악마의 본능을 밖으로 드러내어 활동하게 하는 촉진제 역할을 하는 것이다. 우리는 사소하게 느껴지기도 하고, 아량으로 용서될 것 같은 술자리에서의

습관이 운명을 바꾸어 놓는 계기도 된다는 사실을 명심하고 취중 매너,
습관, 행동 하나 하나에 조심해야 할 것이다.

일본 3장將에게 배우다

16세기 일본의 전국 시대를 차례대로 통일한 유명한 세 장수 오다 노부나가, 도요토미 히데요시, 도쿠가와 이에야스는 각 개인의 뚜렷한 성향의 차이 때문에 지금까지도 많은 사람들에게 회자가 되고 있다. 다음과 같은 일화는 세 장수의 차이를 극명하게 보여준다.

'두견새가 울지 않으면 어떻게 하겠는가?'라는 질문에 오다 노부나가는 '칼을 빼서 죽이겠다', 도요토미 히데요시는 '수단과 방법을 가리지 않고 울게 만들겠다', 도쿠가와 이에야스는 '울 때까지 기다리겠다'고 대답했다고 한다. 위의 일화는 실제 세 장수의 업적을 단편적으로 보여준다.

오다 노부나가

상대적으로 덜 알려진 인물이지만, 일본 국민 사이에서는 대단한 영웅으로 각인되어 있다. 그는 잔혹하고 냉정한 성격인 까닭에 당시 개혁이 없던 전통사회 일본을 송두리째 뜯어고쳐 통일의 기초를 닦아 놓은 장수로 평가 된다.

전국도로 교량 정비, 화폐 주조, 금은광산을 개발하여 국부를 확장시키고, 서양에서 들어왔던 조총을 개량하여 군사력을 증강시켰으며, 새로운 인물을 등용하는 등 천하를 통일할 기초를 다지고자 개혁했던 사람이다. 그는 고정관념을 깨고, 요즘 조직 관리의 화두가 되고 있는 'consensus', 즉 의견 일치, 합의의 원조인 '상하 간 공유'라는 개념을 만들어 냈다.

10배가 넘는 이마가와 요시모토의 대군과 전쟁할 때는 '나를 따르라'는 일방적 추종이 아니라 '공생공사'라는 구호로 군사들의 합심된 마음을 얻어 승리할 수 있었다. 인재등용에서도 가문과 외모를 보지 않고 내면을 살려 원숭이 같이 생기고 비천한 가문의 출신인 도요토미 히데요시를 중용하는 파격을 선보였다. 불행히도 그는 자신의 가신으로부터 기습을 받고 자살해 버리고 만다. 후세인들은 만일 그가 일찍 죽지 않았다면 더 큰 일본의 발전을 가져왔을 것으로 평가한다.

도요토미 히데요시

그의 주군 오다 노부나가의 언 신발을 가슴에 묻어 따뜻하게 해주었다는 일화는 유명하다. 주군의 총애를 받았던 사실로 미루어 봐도 그는 주군에게 절대 충성을 아끼지 않았고, 아래로 가신들에 대한 신뢰도 버리지 않아 죽을 때까지 그를 배신한 이들은 아무도 없었다.

가또오 기요마사, 고니시 유끼나까, 구로다 나가사끼를 선봉장으로 내세워 조선을 두 번이나 침략하는 무리한 전쟁을 일으켰지만 이에 반발하는 내부 세력이 없었다. 심지어 오다 노부나가가 죽었을 때 도요토미의 최대 정적인 도쿠가와 이에야스도 도요토미가 죽을 때까지 도요토미의 그늘에 숨어 은인자중할 정도였으니 그의 파워는 대단했다고 봐야할 것이다.

도요토미 히데요시는 섬나라인 일본의 미래를 위해 해외 대륙으로로 뻗어나가야 한다고 주장했다. 당시 상황에서야 황당한 욕망이었겠지만 지금으로 보면 글로벌정책을 강력하게 추진하였던 것이다. 준비 없는 무작정한 조선 침략은 부하장수들의 실책으로 실패하고 말았지만, 가신인 그들을 계속 중용하여 아래로부터 신뢰가 두터웠다.

또한 현장감을 중요시하여 주군 오다 노부나가가 암살당했을 시에도 그는 전쟁터에서 군사들을 이끌고 있었던 까닭에 당시 휴가 중이라 군사력이 없었던 그의 정적 도쿠가와 이에야스를 물리치는 유리한 입장에 설 수 있었다.

그가 죽자 도요토미 히데요시의 아들을 내세우는 파와 드디어 잠에서 깨어난 도쿠가와 이에야스 파가 일대 격전을 벌여 도쿠가와가 전국을 장악하게 되었던 것이다.

도쿠가와 이에야스

본래 오다 노부나가의 2인자였지만, 오다 노부나가가 암살당했을 당시 공교롭게도 휴가를 즐기는 때라 수중에 군사력이 없었던 반면 그의 정적인 도요토미 히데요시는 전쟁 수행 중이라 수중에 많은 군사력이 있었다.

어차피 불리한 전쟁이었지만, 패권을 놓고 도요토미와 전쟁을 벌이고는 곧 협상하여 미래의 유리한 위치를 미리 구축하는 전략을 썼다. 뒤에서 정국을 교묘히 장악하여 전국의 다이묘를 대부분 자기편으로 만들었다. 그럼에도 서두르지 않고 끈기 있게 도요토미의 견제를 감수하면서 때가 오기를 기다린 것이다.

도요토미는 정적인 도쿠가와를 견제하기 위해 혼인으로 인질을 삼고자 자신의 친척 중에 여자를 물색했지만 마땅한 여자가 없었다. 결국 8촌 중 어부의 아내를 강제로 이혼시키고 도쿠가와에게 시집을 보낸다. 그 여자는 볼폼 없는 박색에 곰보까지 더해 보기 민망할 정도였지만 이에야스는 이를 악물고 말한다.

"결혼하겠다. 그러나 나는 손목도 잡지 않겠다."

그는 도요토미가 죽을 때까지 참아냈고, 결국 59세에 이르러 패권을 잡는다. 이에야스는 히데요시가 세운 틀을 한꺼번에 바꾸지 않고 서서히 근간을 자신의 색깔로 변화시켜나갔다. 그러면서 신흥도시, 지금의 동경을 건설하고 경제 부양과 경제 활성화를 모색해나갔다. 농경지를 개혁하는 등 히데요시가 반죽해 놓은 것을 이에야스가 구워 먹기 시작한 것이다.

일본 3장의 장점을 현대 비즈니스에 접목해보자.

오다 노부나가의 장점

– 고정관념 탈피, 혁신·창의 정신

– 공생공사 조직의 공유정신

– 과감하고 냉정한 추진, 구조조정의 신속결단

– 공정한 인사정책, 인재 등용

도요토미 히데요시의 장점

– 상하 간 충성 조직으로 시너지효과 극대

– 해외 영토 확장, 글로벌 해외시장 중점

– 전쟁터에 상주, 현장 제일주의

도쿠가와 이에야스의 장점

– 서두르지 않는 휴테크의 중요성

– 도전을 위한 충전, 준비과정의 중요성

– 협상으로 마무리, 윈–루즈보다 윈–윈 원칙

– 인내 후 시장의 적시성 포착

– 과거 조직문화 실적 계승, 기존문화＋신규문화＝시너지

위 일본 3장의 장점을 한마디로 집약하면 오다 노부나가는 '혁신'으

로 도요토미 히데요시는 '전략'으로 도쿠가와 이에야스는 '조화'로 대표될 수 있겠다.

이 3가지 '혁신' '전략' '조화' 덕목을 합친다면 얼마든지 자기가 되고자 하는 목표를 충분히 달성할 수 있다. 1단계인 '혁신'에서 기본 바탕을 바꾸고, 2단계인 '전략'에서 수행할 방침을 결정하고, 3단계인 '조화'에서는 인내를 통해 적절한 시간을 조율한다면 미래에 좋은 결실을 맺을 수 있을 것이다.

– 혁신과정에서 용기를 가지고 추진하면 창의가 발현된다.

– 전략과정에서 세밀한 구상을 하면 방침이 수립된다

– 조화과정에서 끈기있게 인내하면 시간이 다가온다.

1. 1등에게는 본받을 점이 반드시 있다.

2. 타인의 장점을 항상 기억하고 연습하자.

3. 타인의 장점을 여러 개 모아 집합해 본보기로 삼자.

4. 자신의 롤모델을 지나온 역사적 인물에서 찾자.

삶은 계란이다

'물에 끓여 삶은 계란'이 아니라 '계란은 인생이다'라는 말이다. 참 우스운 이야기이지만 계란의 쓰임새, 가치, 생명 탄생을 보면 우리 인생의 축소판을 보는 것 같은 생각이 든다. 또 인생에서 계란은 참으로 중요하고 가치 있다.

의식주에서 생명을 유지하는 첫 번째가 먹는 것인데, 많은 음식에 계란이 들어간다. 다양한 방법으로 먹을 수도 있고, 스크럼블드 에그, 서니 사이드 업, 오믈렛, 보일드 에그 등 여러 가지 모양으로 바꿀 수도 있다. 냉면에 삶은 계란 반쪽은 맛과 모양, 색깔을 더해주는 금상첨화의 결정체다.

또 계란의 영양 가치를 따지면 이만한 완전식품이 없다. 노른자, 흰자 양쪽 색깔이 극으로 대비되며, 노른자는 콜레스테롤, 흰자는 고단백으로 구성되어 있다. 과하게 먹으면 몸에 독이 된다.

생김새를 보면 타원형에 약간 딱딱한 껍질로 이루어져 있다. 계란을 깨뜨리려면 손으로 꽉 움켜쥐는 것보다 모서리에 탁탁 부딪혀야 쉽게 깨진다. 열을 가하면 끈적끈적한 액체가 고체화된다.

유정란뿐만 아니라 생명과 관계없는 무정란도 매일 생산된다. 신기한 것은 유정란의 경우, 병아리가 안에서 톡톡 하는 곳과 어미닭이 바깥에서 탁탁하는 곳이 순간 일치할 때 두꺼운 껍질이 깨진다는 것이다. 다시 말하면 안팎으로 동시에 도와야 일이 성취된다는 것을 뜻한다. 이를 사자성어로 이야기하면 바로 '졸탁동기卒啄同機'이다.

계란에서 우리는 많은 인생의 가르침을 깨달을 수 있다.

인생에 있어 인생 자체가 중요한 것이다. 삶을 영위한다는 자체도 수백억분의 일의 확률에서 이긴 것이어서 소중히 다뤄야 한다.

쓸모 있는 인생도 쓸모없는 인생도 필요하다는 말이다. 오히려 쓸모없는 인생과정이 9이고, 쓸모 있는 인생과정은 1에 불과할 수도 있다.

대처방법에 따라 다양한 인생의 길을 개발할 수 있다. 그 방법은 요리하는 인생의 주인인 여러분의 손에 달렸다.

인생에서 '중용의 원칙'은 중요하다. 욕심은 실패를 가져 오는 방아쇠인 것이다.

성공은 선택과 집중 여하에 따른다. 주먹 쥔 손에는 새로운 것이 들어갈 수 없다.

성공은 갑자기 순식간에 이루어지는 게 아니라 오랫동안 연구하고 숙고하고, 시험할 때 이루어진다.

성공은 혼자 힘으로 되는 것이 아니라 주위에서 밀어주는 여러 사람의 도움을 필요로 한다.

계란, 즉 부여된 인생을 소중히 여기고 여러 갈래의 길을 개척하면서 욕심을 버리고, 선택과 집중으로 오랫동안 준비·계획하고, 주위의 여건을 유리하게 이끌며 수행한다면 설령 하고자 하는 일이 무위로 돌아간다고 해도 이 계란, 삶은 절대 후회되지 않는 기억으로 남을 것이다.

1. 이 세상에 혼자 힘으로 되는 것은 자살 외에 아무것도 없다.

2. 자신이 땅을 밟고 서 있을 수 있는 것은 밟은 땅 주위에 다른 땅이 사방으로 지탱하고 받쳐주기 때문이다.

3. 쓸모없는 인생과정이 9이기에 쓸모 있는 인생과정 1이 탄생될 수 있다.

3. 계란 안의 톡톡과 밖의 탁탁 쪼기는 절묘한 동시성이 생명이다.

4. 계란 즉 인생을 어떻게 요리하느냐는 모두 자신의 의지에 달려 있다.

조물주가 사람을 만들 때 입은 하나, 귀는 두 개를 만들었다. 그것도 한 방향에 두 개가 아니라 서로 다른 방향으로 두 개의 구멍을 뚫은 것이다. 그리고 가장 중요한 부위인 뇌와 가까운 곳에 위치해 있다. 이것은 남의 이야기를 많이 듣고 검증, 검토한 후 필요 없는 부분은 다른 귀로 버리라는 신의 배려인 것 같다.

입은 먹고 말하는데 사용된다. 뇌와도 거리가 좀 있다. 그런데 이러한 입이 외부로부터의 지식과 정보를 차단시키는 역할을 하기도 한다. 먹는 동안 귀는 열려 있지만 주변에서의 얘기가 잘 들어오지 않는다. 말하는 동안에도 마찬가지로 귀는 열려 있지만 주변의 이야기가 들어오지 않는다. 즉 먹고 말하는 동안은 귀가 제대로 구실을 못하는 그야말로 무용지물이 된다.

시시각각 변하고 끊임없이 몰려오는 엄청난 정보와 지식의 파도 속에 현대인들은 떠내려가고 있다. 이 파도를 외면하고 혼자만의 생각과 옛날 옛적의 사건과 정보에만 매달려 있는 사람은 무엇을 하든 그 소임을 완수해 낼 수 없다. 다가오는 변화의 파도와 그에 따라 사방으로 튀는 정보와 지식을 흡수하기 위해서는 모름지기 아이의 자세로 주변에서 들리는 어른들의 말을 잘 경청해야 한다.

어른이 되면 남의 말을 잘 안 듣는다. 기업 내 외부, 인간 개인의 내 외부에서 들어오는 온갖 정보와 지식과 아이디어에 귀를 항상 열어 두기 위해서는 말 잘 듣는아이의 자세가 필요하다.

재벌총수들의 경영스타일을 보면 재미있다. 삼성그룹은 '경청', 대우그룹은 '도전'으로 대표될 수 있는데 얼핏 보면 '경청'이라는 모토는 특별할 것이 없이 밋밋하게 보이는 반면, '도전'은 글자 그대로 보는 이로 하여금 가슴의 피를 들끓게 한다.

그런데 무미건조한 '경청'을 모토로 삼는 삼성이 글로벌 최고의 일류 기업으로 성장한 반면, 뭔가 용광로와 같이 불타는 자극을 가진 '도전'을 모토로 삼은 대우그룹이 순식간에 붕괴되었음은 참으로 의미가 있다 하겠다.

필자가 다닌 대우그룹의 김우중 회장은 글자 그대로 '이 지구상에 안 되는 일이 없다' '세계는 넓고 할 일은 많다' '세계 경영의 신화에 도전하자'는 신념으로 글로벌 신규시장 확보에 매달렸다. 그에게는 경청이라는 말은 사치스러운 말이었다. 경청할 여유가 없을 정도로 바빴다.

'경청'할 시간이 없는 대우그룹 호는 브레이크 없이 질주하는 자동차였다. '경청'의 삼성그룹은 이건희 회장 개인의 힘이 아닌 '경청'을 먹고 사는 조직의 힘이 견인 역할을 했을 것이다.

실제 대우그룹의 김우중 회장에게는 어른 같은 면이 있고, 삼성그룹의 이건희 회장에게는 아이 같은 면을 볼 수 있는데 이러한 자질의 차이점이 각 그룹의 명암을 갈라놓는 요인이 되었을 수도 있다고 생각하면 참 아이러니하다.

어른 10명과 아이 10명을 따로 그룹핑하여 오지에서 목표지를 찾는 실험을 한 결과 어른 10명의 팀은 사공이 많아 배가 산으로 올라간 반면, 아이 10명으로 구성된 팀은 일사불란하게 한 사람의 지휘에 순종하여 빠른 시간 안에 목표지를 찾았다고 한다. 어른 10명으로 구성된 팀은 제각각 저 나름대로의 의견이 최고라고 우기다가 몇 팀으로 분산되어 실제 목표를 달성한 사람은 3명에 불과했다고 한다.

입을 많이 사용하면 온몸의 기가 빠져 기진맥진한다. 말을 많이 하는 교사들의 수명이 대체로 짧은 것은 주목할 만한 사실이다. 말을 하는 동안은 자기가 알고 있는 지식과 정보가 다른 사람에게 전달될 뿐 자신에게는 전혀 도움이 되지 않는다. 오히려 아는 지식과 정보의 누설로 곤궁에 빠지거나 대사를 그르칠 확률이 크다. 더구나 자신의 무지함을 내보이게 되어 허점을 보이게 된다.

그러나 말을 하지 않고 남의 이야기를 경청하고 있는 동안은 몸속에 기를 비축할 뿐만 아니라, 모르는 지식과 정보가 한없이 머릿속에 비축된다. 그러면서 기존에 알고 있는 지식·정보. 새로 들어오는 지식·정보.

합쳐져 흔히 말하는 창의력이 태동되는 것이다.

어느 그룹의 신입사원 집단면접 때 면접관에게 좋은 인상을 심어주는 사람은 말을 많이 하는 사람이 아니라 남이 말할 때 가장 잘 들어주는 사람이라고 한다. 상담치료 또한 상대의 아픔을 들어주는 경청에서 시작된다. 이 세상에서 가장 아름다운 인간의 모습은 남의 말에 고개를 끄덕이는 모습이다.

그런데 불행하게도 남의 말을 듣는 것도 쉽지 않다. 3시간짜리 강의 시간에 떠드는 강사보다 듣는 학생들이 더 고역임은 경청이 그렇게 쉽지만은 않다는 것을 보여준다. 왜 '경청'이 어려운 일일까? '경청'이 어려운 것은 두 가지 이유 때문이다.

첫째, 내용이 자신에게 도움이 되지 않는다고 판단될 때

둘째, 말하는 사람이 주체이고 듣는 사람이 객체라고 인식하는데, 누구나 주체이고 싶기 때문이다.

이때는 이렇게 생각하면 간단하다.

첫째, 세상에 어떤 말이든 자신에게 도움이 되지 않는 내용은 없다. 모든 말이 말하는 사람의 경험과 지식, 정보를 바탕으로 하는 것이기 때문에 들어두면 언젠가는 쓸모가 꼭 있다.

둘째, 오히려 듣는 사람이 더 상석의 위치에 있다고 생각하라.

가만히 앉아 고개만 끄덕이며 듣는 것은 황제의 자리요, 핏대 올리며 고함치며 손짓 발짓 다해가며 말하는 자는 광대의 자리이다.

이 세상에 아무런 도움과 돈도 필요 없고, 아무런 고통과 수고도 하지 않은 채 가장 큰 남의 보배를 훔치는 것이 바로 '경청', 이것은 지식을 공짜로 얻는 하느님이 주신 은총인 셈이다. 이 은총을 무한정 사용해보자.

Point

1. 입을 닫고, 귀를 열 것 – 수많은 지식, 정보, 경험 유입

↓

2. 뇌를 활성화 할 것 – 유입된 정보를 바탕으로 경험과 비교하여 검증, 새로운 아이디어 제공

↓

3. 손발을 작동할 것 – 도출된 아이디어의 실천

속삭임은
무서운 무기다

속삭이는 모습을 보면 무슨 내용일까 더욱 궁금해진다. 얼마나 중요한 기밀사항이기에 남이 듣지 못하게 하는 것일까? 만약 최고권위자에게 누군가가 속삭이고 있다면 속삭이는 장면 자체가 보는 사람으로 하여금 바싹 경계하게 만든다. 그렇기 때문에 속삭이는 사람을 안 좋게 보는 경향도 많지만, 속삭일 수 있다는 점에서 그 사람의 위치도 높게 본다.

실제 속삭임 속에 많은 권모술수가 숨어있음은 역사가 증명해주고 있다. 속삭임은 손오공의 요술방망이같이 허위도 사실로 믿게 하고, 사실도 허위로 믿게 하는 요상한 힘이 있다. 공식석상에서 듣는 이야기는 반신반의하지만 속삭임은 절대적으로 신뢰하는 마력을 지닌다.

왜 그럴까? 신경의학적으로 분석하면 귀에서 공간적으로 먼 거리에서 공기를 타고 오는 소리는 초속 340m로 약간 느린 속도로 오기 때문에 먼저 귀의 고막을 울리고 난 후 뇌로 확인함으로써 판단해 볼 시간이 있다는 것이다. 그러나 속삭임은 거리가 짧아 고막과 동시에 뇌 속에 직접 울려 퍼져 그 소리를 확인할 시간도 판단할 경향도 없다는 그럴 듯한 해석이 재미있다.

또 공식석상의 이야기는 모두가 공유하므로 큰 호기심이 생기지 않는다. 반면 속삭임은 그 내용을 홀로 독점함으로써 더 신뢰하고 집착하게 만든다. 그래서 속삭임은 사실보다 침소봉대하거나 허위를 날조하는 경향이 많다.

귀를 빌려준 사람은 그 속삭임을 여과 없이 진실인양 믿게 되며, 말초신경을 자극하는 극비의 재미있는 이야기를 더 듣기 위해 갈수록 속삭임을 더 찾게 된다. 옆에서 그 장면을 본 주위 사람들은 속삭이는 사람을 대단한 실세로 여기고 '과연 내용이 뭘까?' 하는 호기심에 마음대로 유언비어를 만들고, 심지어 속삭이는 사람에게 아첨까지 하기도 한다.

일본 도요토미 히데요시의 조선 침략에 관한 숨겨진 비화가 있다. 천하를 제패하기 직전 도요토미는 그의 가신들로 하여금 천하를 제패한 후 각 가신들이 포상 받을 것을 한 가지씩 요청하도록 했다. 대부분 지방 성주로 책봉해달라 또는 수만금의 금은보화를 달라는 등 주로 자신들의 부귀영화에 관한 것들이었다. 이때 한 가신이 특별한 것을 요청했다.

"쇼군님, 저에게는 오로지 쇼군님의 귀만 빌려 주시면 됩니다."

도요토미는 깜짝 놀랐다.

"왜 그런가? 못생기고 냄새나는 내 귀가 탐나다니. 설마 귀를 칼로 베어 달라는 것은 아니겠지?"

"예, 그냥 쇼군님의 귀를 제 입에 빌려 주시면 됩니다."

도요토미는 별일이 아닌 것으로 여겨 크게 웃으며 고개를 끄덕였다.

"내가 천하를 제패하는데 이까짓 귀쯤이야 당장 자네에게 빌려 주겠네."

1년이 지난 후 천하를 제패한 도요토미는 각 가신들이 요청한 대로 성대하게 논공행상을 벌렸다. 귀를 빌려달라는 그 가신의 차례가 되자 그는 도요토미의 귀를 살짝 잡아당기며 속삭거렸다.

"쇼군님의 귓속 냄새가 향기처럼 느껴집니다. 앞으로 저에게 열 번만 속삭임을 할 수 있게 해주십시오."

도요토미는 크게 웃었다. 이 광경을 지켜본 신하들은 대경실색하였다. 천하를 제패하여 일본 열도를 호령할 쇼군의 귀를 잡아 당겨 속삭이고, 또 무슨 말인지는 몰라도 그 소리를 들은 도요토미가 성내기는커녕 오히려 파안대소를 하니 상상도 못할 일이었다. 그 후로 모든 신하들에게 그 가신이 쇼군의 가장 총애를 받는 신하로 인식되었고, 그에게로 구름같이 모여들어 자연스레 권력의 중심에 서게 되었다.

도요토미는 천하를 제패한 후 전쟁에 시달린 지방 성주들, 특히 반대파였던 성주들의 불만을 잠재울 필요가 있었다. 즉, 그에게 다시 도전하는 잔존세력을 무마할 필요가 있었다. 그러나 뚜렷한 대책이 없었다. 이때 귀를 빌린 가신이 절묘한 아이디어를 도요토미에게 귀로 속삭거렸다.

"전하, 각 지방 성주들의 반발을 무마하려면 그들의 관심을 다른 곳으로 돌려야 합니다."

"관심을 다른 곳으로?"

"네, 가장 좋은 방법이 또 다시 전쟁을 일으키는 겁니다."

"아니, 또 다시 전쟁을 일으켜? 우리 일본 사람들끼리 또 싸우라고?"

"그게 아닙니다. 전쟁을 일으키되 우리끼리 싸우는 게 아니고 외국을 침략하자는 거지요. 외국으로 칼날을 돌려 관심을 다른 곳으로 끌어야 국내의 불만을 잠재울 수 있습니다."

"외국 침략? 도대체 어느 나라를? 우리 일본은 섬나라인데……."

"가까운 조선입니다."

"무슨 소리야? 조선은 지금 우리나라와 교역을 활발히 하고 있는 나라야. 그 나라는 유교주의로 학문을 숭상하고 동방예의지국이야! 무슨 명분이 있어야 조선을 침략하지. 전쟁을 준비하려면 뚜렷한 명분이 있어야 국민들을 설득시켜 징병을 하지. 명분 없이 전쟁준비는 불가능해. 안 그래도 지금 일본의 사정이 전화로 초토화되어 있는데, 억지로 전쟁 준비시키면 오히려 지방 성주들의 반발이 더 심해져."

"기가 막힌 명분이 있습니다."

"뭔데?"

그 가신은 도요토미의 귀를 살짝 잡아당기며 속삭거렸다.

"전하, 솔직히 우리 일본의 선조이며 어버이 국가는 백제입니다. 그 백제가 중국과 신라의 연합세력에 의해 멸망당했습니다. 당시 일본은 우리의 조상국가인 백제를 살리기 위해 대규모 군사까지 파견하지 않았습니까? 바로 이것입니다. 우리 조상인 백제 국가를 되찾기 위한 명분으로 전쟁을 일으킨다면 어느 누구도 이의를 달지 않을 것입니다."

도요토미는 듣고 보니 그럴 듯했다. 전쟁에 진 반대파들의 반란을 없애기 위해서는 이보다 더한 명분이 없었다. 그러나 이 명분은 공개적으로 밝힐 수는 없었다. 바로 이 속삭임 하나가 전쟁의 시발점이 되었고, 조선을 초토화시켰다.

만일 이 전쟁 명분이 속삭임이 아닌 공개적인 토론으로 이루어졌다면, 억지스럽고 황당하기도 한 명분과 전쟁을 다시 일으킬 수 없는 국내 사정, 국가의 주체성 시비문제로 많은 신하들의 반대에 부딪쳤을 것이다. 속삭임으로 했기 때문에 논리에 맞지 않는 황당무계한 명분의 내용이 진실이며, 대의인 양 도요토미의 마음을 사로잡을 수 있었던 것이다.

당시 일본이 공개적으로 내세운 정명가도征明假道, 명나라 대륙을 치기 위해 조선반도는 통과해야 할 길이라는 명분은 대외수사에 불과했고, 이 가당치 않은 명분으로는 전화에 지친 일본 국민의 동감을 얻기 어려웠을 것이다.

백제라는 나라가 주변의 백여 개에 달하는 제후들이 연합해 만들어진 국가로 해석할 때, 일본은 백제의 제후 중에 하나라는 개념에 큰 무리가 없는 점, 그리고 임진왜란 중에 일본군의 침탈과정을 보면 백제 지역인 호남지역에는 큰 피해를 끼치지 않은 반면, 백제를 망하게 한 신라 지역인 경상도 지역에는 엄청난 약탈과 피해를 끼친 점을 볼 때 그럴 듯한 이야기이다.

속삭임과 관련된 또 다른 일화를 보자. 왕족이면서도 세도정치의 견제로 밑바닥 생활을 하던 흥선 대원군 이하응은 끼니를 잇기가 어려울 정도로 어려웠다. 그래서 평소 이하응의 강직한 성품을 흠모하던 남산골의 더벅머리 총각이 쌀을 아껴 매일 대원군 대문 앞에 놔두곤 했다. 그 총각은 홀어머니를 모시고 농사를 짓던 농사꾼이었지만, 평소 대원군의 청빈함을 안타깝게 생각하던 차였다.

대원군은 항상 머릿속에 총각에 대한 은혜를 깊이 간직하고 언젠가 그에게 보답하기를 기다렸다. 드디어 대원군은 그의 아들이 임금에 오르자 섭정의 명분으로 최고의 권력자 지위에 올랐다.

권력보위에 오른 후 제일 처음 한 것이 삼정승, 6조 판서, 참판들을 집으로 불렀다. 고위관직의 정승들은 이제 파락호에서 최고의 권력자로 등장한 대원군의 부름에 어떤 호령이 떨어질지 몰라 전전긍긍, 부복하고 있었다.

"여봐라! 그 남산골의 총각을 불러오라!"

대원군이 하인에게 명한 뒤, 조금 후 더벅머리 총각이 대원군 앞에 엎드렸다.

"이리 가까이 오너라."

대원군은 긴장하고 있는 총각을 가까이에 오게 하여 귀에다 뭔가 속삭였다. 정승판서들은 꼼짝도 하지 않은 채, 이 더벅머리 총각이 누구이며 무엇 때문에 여기에 왔을까 하는 호기심 어린 눈으로 쳐다보았다. 귀로 속삭임을 듣던 그 총각은 갑자기 얼굴을 찌푸리더니 큰소리로 말했다.

"대원군 나리, 무슨 말씀을 그렇게 하십니까? 천하의 대원군 나리가 그런 말을 하시다니 실망했습니다. 당장 말을 취소하시고 저에게 잘못했다고 용서를 비십시오."

그는 산천초목도 떤다는 대원군의 면상에 침을 뱉으며 문을 박차고 나가버렸다. 그래도 대원군은 얼굴에 묻은 침을 닦으며 아무 소리도 하지 않고 가만히 있었다. 이 광경을 본 정승과 판서들은 기가 막힐 노릇이었다. 대원군 면전에 침을 뱉으며 야단을 치고, 문을 박차고 나간 그 총각이 도대체 누구이기에 천하를 호령하는 대원군도 꼼짝 못하고 있느냐는 것이었다.

다음날 남산골의 그 더벅머리 총각 집 앞에는 정승과 판서들이 보낸 쌀가마, 비단들이 산더미를 이루었다. 권력을 잡은 대원군은 그 총각을 돕고 싶었지만 공개적으로 그를 도울 수가 없었다. 그래서 그는 정승과 판서들이 지켜보는 가운데 총각의 귀에다 다음과 같이 속삭였다.

"여보게, 총각. 오늘 밤은 자네 모친이 내 수청을 들도록 하는 게 어떨까?"

평생 수절한 과부어머니를 모신 총각은 크게 대원군을 질책하였던 것이다.

위에 두 가지 예를 보더라도 속삭임의 파급효과가 얼마나 큰지 알 수 있다. 다른 사람과 속삭이는 상황 자체가 보는 사람으로 하여금 호기심을 자아낼 뿐만 아니라, 속삭이는 사람 뒤에 후광이 있는 것처럼 보이고 또 속삭임의 내용이 신비스럽기까지 하다.

속삭임을 듣는 사람은 그 내용을 제대로 판단하지 못하는 경향이 있다. 그러나 그 속삭임의 내용이 비밀유지를 전제로 뭇 사람들의 귀에 떠돌아다닐 때는 사실로 간주되어 버린다.

주식투자 시 작전세력들이 벌이는 수작이 대동소이하다. 객장에서 남들이 들을 수 있게 하고 귓속말로 속삭인다.

"이거 당신만 아는 비밀인데 그 주식 대박 나. 아무한테도 이야기하지 마."

그 속삭임을 들은 사람은 또 주변에 똑같이 이야기를 재생산해 나간다. 이 속삭임을 들은 투자자는 만사를 제쳐 놓고 주식투자부터 먼저하게 되고 결국 온 재산을 탕진하고 깡통을 차게 된다.

이를 통해 '속삭임'이라는 행위가 얼마나 무서운 영향을 끼치는지 알 수가 있다. 한편으로는 좋은 방향으로, 다른 한편으로는 나쁜 방향으로 소름끼치게 두려울 정도다. 가능한 속삭임은 하지도 말고 속삭임을 들으려 하지도 말자.

속삭임을 하는 자는 다른 사람들에게 좋은 인상을 심어주지 못하고, 속삭임을 들으려고 하는 자도 다른 사람에게 좋은 인상을 심어주지 못한다.

1. 속삭여야 하는 상황과 그렇지 않은 상황을 잘 판단해야 한다.

2. 속삭임의 상황 연출도 필요시 할 수 있어야 한다.

3. 속삭임의 내용은 대부분 허위나 루머인 경우가 많다.

4. 속삭임을 즐기는 자는 간사한 자이다.

카리스마가 조직을 망친다

원래 카리스마라는 말은 그리스어 'kharisma'에서 나온 말로 '신의 특수한 능력, 기적'을 뜻한다. 그런데 주로 권위적이고 많은 사람을 통솔하는 비범한 재능을 보이는 사람을 일컬어 '카리스마가 풍긴다'고 말한다.

그러다 보니 조금 지위가 높아졌다 하면 으레 카리스마를 풍기려고 애쓴다. 카리스마가 있어야 사람들을 휘어잡고 따르게 만들 수 있다고 믿으니 말이다. 다음 중 어떤 리더가 좋은 리더인지 순서를 매겨보자.

1. 부하에게 카리스마를 느끼게 하는 자
2. 부하에게 존경을 받는 자
3. 부하에게 두려움을 느끼게 하는 자
4. 부하들과 동일 의식을 가지는 자
5. 부하들에게 존재를 못 느끼게 하는 자

가장 좋은 리더 순으로 번호를 매기면 5, 4, 3, 2, 1번이라고 한다. 1번 카리스마가 있는 리더의 조직이 가장 경직되어 있다. 자유롭게 토론하거나 아이디어를 낼 수 있는 분위기가 형성되지 않기 때문이다.

3번의 두려움을 느끼게 하는 리더의 조직보다 더 경직되어 있다. 두려움을 느끼게 하는 조직은 개혁의 바람이 아래로부터 불어와 새로운 조직으로의 혁명이 이루어질 수도 있지만, 1번의 카리스마를 느끼게 하는 경우는 아래로부터의 개혁이 전혀 태동되지 않는다. 왜냐하면 두려움을 느끼면 인간은 그 두려움을 극복하기 위해 저항을 하는 본능이 있지만, 신의 능력을 뜻하는 카리스마를 느끼게 되면 극복하고자 하는 인간의 본능마저 사라지게 해 꼭두각시같이 되어 버리기 때문이다.

왕족체제인 중동과 신격체제인 북한의 지도체계를 비교해 봐도 이 두 경우는 확실히 구분된다. 왕족체계인 중동국가는 시민의 주도로 무섭게 혁명이 일어나지만, 신격체계인 북한은 무서울 정도로 잠잠하다. 신과 같은 능력을 가진 카리스마 그 자체인 최고지도자에게 맹목적 순종을 하기 때문이다.

가장 좋은 5번의 조직은 리더의 존재를 의식하지 않기 때문에 조직원들 상호간에 토론이 활발해지고 창의적인 아이디어가 마구 쏟아져 나와 처음에는 느슨한 느낌을 받지만, 어느 정도 질서가 잡히고 나면 조직이 스스로 움직여 나가는 강한 역동력을 가지게 된다.

2번의 부하로부터 존경을 받는 리더가 이상적인 것처럼 보일 수도 있으나, 시간이 지날수록 '존경'이라는 개념 자체가 인간이 만들어낸 일순간의 애매모호한 인식에 불과하기 때문에 변질하기 마련이다. 존경은 순식간에 증오와 방만으로 바뀌는데 이는 조직의 틀을 더욱 무너뜨리게 된다.

A그룹은 오너가 일류 명문고, 명문대 출신으로 똑똑하기로 유명했다. 임기응변에 능하고, 비즈니스에도 탁월한 감각을 갖추고 있었을 뿐만 아니라, 천성이 부지런하고 승부욕도 강하여 나무랄 데 없는 리더였다. 그는 맨손으로 재벌그룹을 만들어냈다.

워낙 머리가 좋아 그의 앞에서 실수를 하면 틀린 숫자와 내용을 그대로 지적당했다. 설령 좋은 아이디어를 내놓아도 그의 귀신같은 임기응변에 부하직원들은 곤욕을 치렀다. 수십 명의 임원들과 사업계획을 논의하다 보면, 6시간 동안 일어나는 회의 광경은 오너가 미주알고주알 모든 걸 지시하고 질책하고 임원들은 그 지시사항을 노트에 받아쓰기 바쁘다. 그리고는 "자, 그렇게 차질 없도록 지시사항을 수행해 주세요"라는 말을 남기고 바쁘게 회의장을 떠난다. 그 뒷모습을 쳐다보는 모든 임원들은 한마디씩 중얼거린다.

"우리 회장 진짜 카리스마 있다."

"저런 사람이 무슨 인간이냐? 철인이다. 하느님이 내려주신 선물을 모두 받았네."

모두가 오너로부터 엄청난 카리스마를 느꼈다.

B그룹의 오너는 일류대 출신도 아니고, 비즈니스 감각도 출중하지 못해 다소 바보 같은 면을 가지고 있다. 수십 명의 임원들과 사업계획을 논

의하다 보면 6시간 동안 일어나는 회의 광경은 오너는 가만히 듣고만 있고 모인 임원들끼리 서로 격론을 벌이며 논쟁을 벌인다고 한다. 오너는 지켜보고 있다가 "알아서들 하세요" 하고 회의장을 떠난다고 한다. 나머지 임원들은 오너가 나가는 지도 모르고 토론에 계속 열중한다고 한다.

A그룹과 B그룹, 한쪽은 임원들로부터 존경과 카리스마를 한꺼번에 받는 지도자인 반면, 다른 한쪽은 임원들에게 존재조차 못 느끼게 하는 지도자이다. 시간이 흐르면서 두 그룹의 운명은 달라지기 시작했다.

[초창기]

A그룹 – 오너의 탁월한 사업 감각에 따라 놀랄 만한 그룹 사세의 신장을 이루었다.

B그룹 – 기존 조직을 이어가면서도 천천히 세계 환경을 관망하며 전략사업에 치중하였다.

이때는 B그룹의 가장 무서운 경쟁자가 A그룹일 정도였다.

[성장 후, 위기 시]

A그룹 – 오너의 카리스마적인 임기응변적인 대처에 의존했지만, 불행히도 오너는 신이 아닌 인간이었다. 그의 잘못된 대처방안을 아무도 보완·시정해 주지 못한 채 모든 임원들이 오너의 지시를 무조건 따르는 바람에 회사는 무너졌다.

B그룹 – 임원들 간의 합의된 대처방안에 따라 조직 스스로가 합리적인 선택

과 집중의 유연성을 발휘하게 되었고 승승장구하고 있다.

필자가 아는 C기업의 오너는 불같은 성격과 고집에 부하 직원 모두가 벌벌 떠는 그야말로 두려운 존재였다. 겉으로는 조용하게 업무가 진행되었지만 속에서는 그에 대한 거부감이 천천히 태동되고 있었다. 협조적이던 노조가 강성으로 변해 노사 간에 극한투쟁이 벌어졌다. 강직하고 권위적인 오너도 이에 질세라 강경노조를 탄압하기 위해 폭력대를 조직했고 서로 싸우기를 수년, 결국 회사가 파산했다.

이와는 반대로 D기업 오너는 성품이 온화하고 남한테 싫은 소리 대신 관용으로 부하직원들을 대해 존경을 받았다. 모두의 입에서 "우리 사장님 참 사람 좋아. 법 없이도 살 사람이야. 정말 존경해" 했지만, 그 점을 이용해 임원들이 사리사욕을 채우기 바빴다. 이 회사도 몇 년 안 가 무너졌다.

최고경영자가 아래 직원으로 하여금 두려움을 느끼게 하거나, 카리스마를 느끼게 하거나, 혹은 자비로운 마음으로 존경심을 느끼게 하는 분위기가 형성되면 그 조직은 지금 가장 위태로운 지경에 이르렀다고 봐야 한다.

그보다는 아래 직원들과 동일 의식을 가지거나 아래 직원들로 하여금 있으나 마나한 존재로 느끼게 하는 최고경영자야말로 당장 가시적인 효과가 나타나지는 않지만 장기적으로 빛을 발하는 대기만성형이다.

Point

1. 카리스마는 인간의 정신을 마비시키는 마취제다.

2. 보스는 조직을 대표하는 자이지 조직을 움직이는 자가 아니다.

3. 조직을 움직이는 자는 조직이다.

4. 조직은 유기체이므로 스스로 힘을 발휘할 때가 가장 강하다.

오리에 관한 우화가 있다. 호랑이, 오리, 독수리, 상어, 등 네 동물이 모여 서로의 장기를 견주어 가장 잘하는 동물을 동물의 왕으로 뽑기로 하였다. 그런데 문제는 종목이었다. 호랑이는 하루에도 수천 리를 달릴 수 있는 까닭에 달리기를 내기종목으로 주장했고, 독수리는 하늘 높이 빠르게 날 수 있는 까닭에 날기를 내기종목으로 주장했고, 상어는 깊은 바다에서 헤엄칠 수 있는 까닭에 헤엄치기를 내기종목으로 주장한 반면 오리는 가장 잘하는 특기가 없어 침묵을 지켰다.

종목을 결정하는 것은 쉽지 않았다. 호랑이에게는 바다에서 헤엄치기가 생소했고, 상어에게는 육지에서 달리고 하늘에서 난다는 것이 남의 일같이 여겨지고, 독수리에게는 깊은 바다에서 헤엄친다는 것은 상상도 못할 일이었다.

결국 의견이 좁혀지지 않고 각각의 동물들이 제 고집을 굽히지 않으니 세 종목 모두를 내기종목으로 하기로 했다.

호랑이는 달리기는 잘했지만 하늘을 나는 것과 바다에서 헤엄치기가 꼴찌였고, 상어는 헤엄은 잘 쳤지만 육지에서 달리기와 하늘에서 나는 것이 꼴찌였고, 독수리는 육지에서 달리고 바다에서 헤엄치기가 꼴찌였다. 그러나 내기종목에서 뚜렷하게 잘하는 종목이 없는 오리는 바다에서 곧잘 헤엄쳤고, 육지에서도 뒤뚱뒤뚱 잘 달렸고, 하늘을 나는 것도 푸드덕거리며 잘 날았다. 잘하지는 못했지만 모든 종목을 어느 정도 할 수 있었던 동물은 오리였다. 그래서 오리가 동물의 왕으로 뽑혔다는 웃지 못 할 이야기가 있다.

하늘, 바다, 육지가 이 세상을 감싸고 있는 무대이다. 이 무대들의 성격은 서로 다르다. 하늘은 기체인 공기를 성분으로 한 영역이고, 바다는 액체인 물을 성분으로 한 영역이고, 육지는 고체인 땅을 성분으로 한 영역이어서 각 무대의 운동법칙이 상이한 바 한 무대에서 잘한다고 다른 무대에서 잘하는 것이 아니다.

상어, 호랑이, 독수리의 각 모든 기관을 갖춘 동물을 만들 수 있을까? 이것은 불가능하다. 험악한 자연환경에서 생존할 수 있는 동물의 진화는 자기 영역 안에서만 진화하기 때문에 다른 영역에서는 진화가 되지 않고 오히려 퇴화한다. 자기 영역에서 진화를 하기 위해서는 다른 영역에서의 퇴화를 감수해야 하기 때문이다. 이것이 진화의 원칙이기 때문에 상어, 호랑이, 독수리의 장점만을 고루 갖춘 동물로 진화한다는 것은 말이 되지 않는다.

오죽하면 인간이 하늘, 바다, 땅에서 장점만을 갖춘 용龍을 허구로 만들어 냈겠는가.

사람도 마찬가지이다. 한 분야를 잘하면 다른 분야에서 미진할 수밖에 없다. 공부를 잘하면 예체능을 잘 못하고, 예체능을 잘하면 공부를 잘 못한다. 수학을 잘하면 영어를 잘 못하고, 영어를 잘하면 수학을 잘 못하는 것이 당연지사다.

기획을 잘하면, 영업을 잘 못하고, 영업을 잘하면 기획을 잘 못한다. 사업에서도 주업종이라는 것이 있다. 건설업종, 조선업종, 서비스업종, IT업종, 운수업종, 제조업종, 금융업종 등 다양한 업종들이 있다. 그런데 경기가 어렵다 보니 돈 되는 것이라면 자기의 주업종을 제쳐 놓고 어느 업종이고 마구 손댄다.

흔히 이야기하는 '전후방 산업과의 시너지 효과'라는 미명 아래 백화점식 업종을 가지고 무분별하게 확장을 거듭하는 기업이 많다. 국내 굴지의 A그룹은 무역으로 성장했지만, 점차 타 업종으로 영업을 확대해 거의 모든 업종을 거느리는 거대한 선단의 재벌그룹이 되었고 그 사세가 세계를 흔들었지만, 이 그룹이 가지고 있는 업종별 경쟁력은 미약하기 그지없었다. 1등 제품이 없었고, 대부분 2등 아니면 3등 제품의 수준이었다. 1등 제품이 없는 사업의 확장은 사상누각이었다.

시장 점유율 부족 → 적자 → 밀어내기식 전략 → 수익성 부족 →
기술 개발 한계 → 시장점유율 하락 → 악순환 → 적자 확대 →
차입금 → 누증 붕괴

필자가 아는 B전자 부품회사는 초반에 2개의 전자부품을 특화해 잘 나가면서 점차 취급하는 부품을 50개로 대폭 늘렸다. 하지만 간접비용과 품질의 저하 등으로 생산의 문제점을 보이고 결국 해외에 매각해야 하는 상황에 직면했다. 실사를 마친 인수희망자의 다음 한마디가 머릿속에 남는다.

"이 기업의 초창기 제품 2개는 기술력이 대단합니다. 그러나 나머지 48개의 부품 기술력은 품질이 조악하고 기술 개발의 여력이 안 보입니다. 우리는 2개 부품사업부만 인수하고 나머지 48개 부품사업부는 인수하지 않겠습니다."

이 제안은 회사가 가지고 있는 알짜만 인수하고 나머지는 버린다는 것인데, 오너 입장에서는 수락하기 어려운 제안이었다. 결국 이 회사는 없어졌다.

모든 부분을 조금씩 잘하는 백화점식 사람이 아니라, 어느 한 부분에 확실하게 잘하는 특화점식 사람이 되는 것이 경쟁력이 좋다.

1. 여러 분야를 잘하는 것은 자랑거리가 아니다. 오히려 한 가지 잘

   하는 것이 없다는 반증이다.

2. 한 가지 특기가 그 사람의 창업을 돕는다.

3. 백화점은 많은 투자를 요하지만, 특화점은 많은 투자를 요하지

   않는다.

chapter 38

'가위 바위 보' 대신 '보 바위 가위'를 하자

순서를 정할 때 흔히 '가위 바위 보'를 한다. 가위 바위 보의 유래를 보면 가위가 '쥐'를 뜻하고, 바위는 '호랑이'를 뜻하고, 보는 '코끼리'를 뜻하는데 가위는 바위에 의해 부서지고, 바위는 보에 싸지고, 보는 가위에 의해 잘리기 때문에 서로 대립되고 견제하는 것을 상징적으로 보여주고 있다. 어느 하나 절대적으로 강한 것이 없고, 어떤 것에는 강하지만 또 다른 것에는 약한 '상대성원리'를 잘 보여주고 있는 게임이다.

한국인들은 '가위 바위 보'를 할 때 가장 많이 내는 것이 가위, 그 다음으로 바위, 보 순이라고 한다. 그래서 이 게임을 '가위 바위 보'라고 부르는지 모르겠다. 이것은 한국인의 사고방식을 단적으로 보여준다.

가위 – 마음에 안 드는 것부터 먼저 잘라 낸다.

바위 – 잘라 낸 후, 남은 것에 집중한다.

보 – 집중하다 안 되면 다른 것을 찾는다.

한국인은 무엇을 할 때 '가위 바위 보'와 같이 먼저 본인의 마음에 드는 것부터 찾고 나머지는 매몰차게 버린다. 그리고는 마음에 드는 것에 올인한다. 올인한 결과 제대로 안되면 그때부터 새로운 돌파구나 이미 가위로 잘라 낸 것을 찾으려고 몸부림치는데 그때는 이미 남이 하는 것을 따라하는 것밖에 안 된다. '가위 바위 보'의 변형 게임인 '묵 찌 빠'같이 남이 내미는 것을 따라하면 지는 것이다.

사람을 사귀거나 사업 업종을 찾을 때 혹은 학교를 선택할 때 '가위 바위 보'가 아니라 '보 바위 가위'의 순서로 생각을 바꿔보자.

보 – 선택하기 전 가능한 여러 대안들을 찾아놓고 다방면으로 검토하자.
바위 – 선택하여 한 곳에 집중하자.
가위 – 한곳을 선택·집중하면서도 선택하지 않은 것을 잘라내지 않고, 집중한

   것이 성공할 때까지 서서히 잘라낸다.

'보 바위 가위'는 가능한 방법을 모두 찾아내 다양하게 검토한 후, 한 개에 집중하더라도 나머지를 버리지 않고, 선택한 것에 나머지 요소들이 보완이나 보충될 수 있도록 서서히 잘라냄으로써 '가위 바위 보'에서 어느 하나가 절대 강자가 되지도 절대 약자가 되지도 않는 원리를 활용하는 것이다.

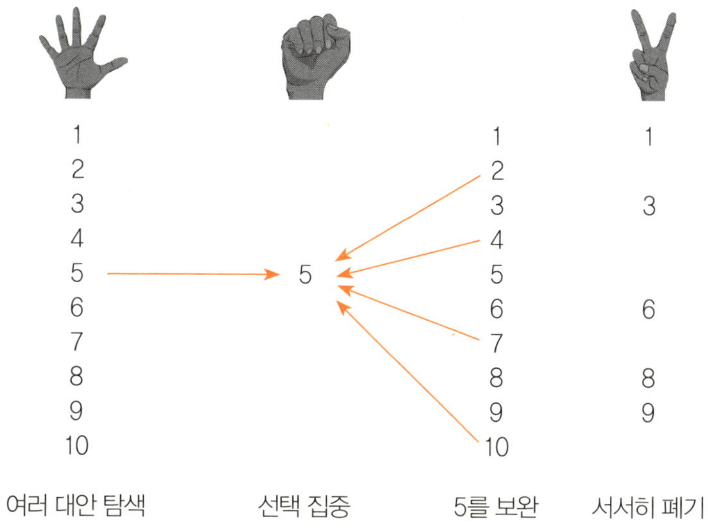

Point

1. 선택과 집중된 것이 최고의 선택이 아닐 수 있다.

2. 선택과 집중된 것에 보완하는 자세를 가지자.

3. 선택과 집중되지 않은 것에 다이아몬드가 있을 수 있다.

회사에서든 집에서든 가장 많이 듣는 말을 꼽아보면 무엇일까? 바로 '문제없다'라는 말이다. 업무보고, 토론, 잡담 등 어느 화제를 막론하고 가만히 들어보면 '문제없다'라는 말이 거침없이 터져 나오고 상대방도 '그래 맞아, 문제없어'라고 맞장구치는 경우가 많다. 또 최종 의사결정에 "문제 있어? 없어?"라는 우스운 최종 질문이 나올 때 "문제없습니다"라고 해야 마무리가 된다.

그러나 이렇게 엄밀한 검토 끝에 "문제없습니다"라는 말을 듣고 결정한 프로젝트 중 제대로 진행된 것이 과연 몇이나 될까? 필자의 오랜 경험을 바탕으로 자신 있게 이야기할 수 있다. 하나도 없다.

그 이유는 무엇일까? 2000년 전 맹자가 말씀하신 글귀가 생각난다.

살아있는 것은 근심과 걱정이 있는 것이고, 죽어있는 것은 편안하고 안락한 것이다. 삶이란 근심과 걱정, 고민 속에 존재하는 것이고, 죽음이란 편하고 즐거운 가운데 있는 것이다. 즉 근심, 걱정, 고민, 문제가 있는 것은 살아있다는 증거요, 근심, 걱정, 고민, 문제가 없는 즐거운 나날이 계속된다면 서서히 죽어가고 있는 것이다. 문제를 풀기 위해 고민하고 애쓰는 기업이나 사람은 건강하고 이제 막 꽃이 만발할 자세를 갖추는 단계다.

그러나 모든 게 다 잘되고 이제 걱정거리, 고민, 문제가 없다고 거들먹거리는 기업이나 사람은 이제 곧 중병의 시초요, 생명을 잃게 되는 단계다. 신기술 개발에 소홀히 하면서 품질관리만을 지상과제라 생각하고 매진하여 이제 문제없다고 외쳤던 한 전자부품회사가 순식간에 무너지고, 소비자의 변하는 입맛을 소홀히 하면서 강력한 유통망과 브랜드인지도만 가지고 문제없다고 외쳤던 한 맥주회사가 1년도 안되어 무너지기도 했다.

대학에 수석 입학한 사람이 이제 문제없다고 게을리해 백수가 되기도 하고, 기업을 창업한 사람이 초기의 선풍적 인기만 믿고 문제없다고 외치면서 관리 소홀에 빠져 파산하기도 한다.

A기업과 B기업을 감사한 적이 있었는데, A기업은 감사 결과 모든 것

이 완벽하게 잘되고 장래에 문제없는 것으로 판명되어 사장 이하 임직원 모두가 큰 보상을 받았다. B기업은 감사 결과 많은 문제점이 산재해 있어 장래 생존이 의심스럽다는 판정을 받아 사장 이하 임직원 모두가 징계처리를 받았다. 4년 후 결과는 뒤바뀌었다.

A기업은 큰 문제에 봉착해 위험해졌고, B기업은 문제점이 잘 해결되어 건강한 회사로 탈바꿈되었다.

한때 미국을 상징했던 자동차 GM, 일본을 상징했던 도요타 자동차는 세계 자동차산업의 1등이라고 불리기에 문제없는 대표 기업이었다. 그 '문제없다' 단계에서 다음에 다가오는 것은 바로 '문제 있다'의 단계이다. 이 단계를 준비하지 못했던 두 기업은 한때 큰 어려움에 직면했었다. 세상만사는 '문제없다. 문제 있다. 문제없다. 문제 있다'의 순환 고리 속에서 스스로 발전해 나가는 것이다.

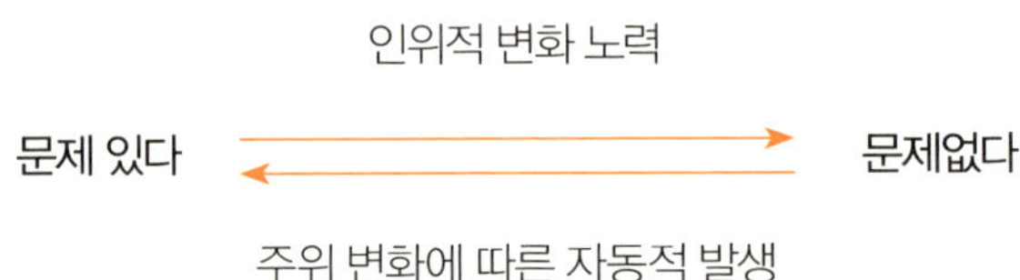

'문제 있다' 상태는 반드시 인위적 변화 노력에 의해서만 '문제없다' 상태가 되지만, '문제없다' 상태에서는 곧 주위환경의 끊임없는 변화에 따라 저절로 '문제 있다' 상태가 된다.

또한 '문제 있다' 상태는 오랫동안 지속되어 수많은 시행착오를 거쳐

'문제없다'가 되지만, '문제없다' 상태는 한순간에 그치며 빠르게 '문제 있다' 상태로 이전된다.

우리는 이 끊임없이 순환해 이어지는 '문제없다'와 '문제 있다'를 다음과 같은 산등성에 비유해 보면 쉽게 이해가 된다.

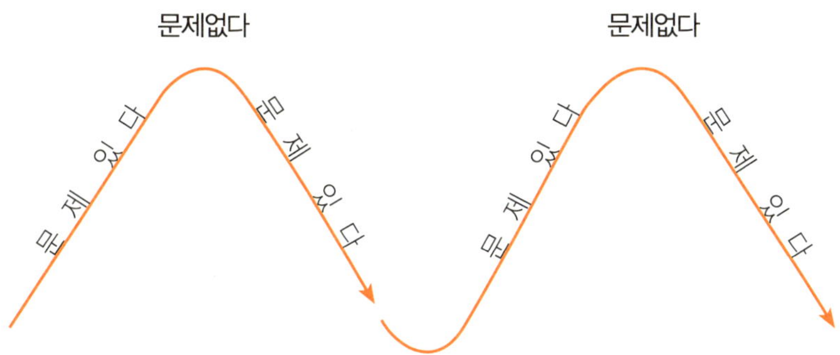

산적한 문제를 어깨에 지고 오랫동안 힘들게 산 정상에 오르면 잠시 휴식을 취하고 금방 하산해야 한다. 그리고 또 다른 산정상을 향해 오른다. 우리는 '문제 있다'의 과정을 거치며 끊임없이 수많은 '문제없다'의 목표를 추구하면서 발전해 나가는 것이다.

1. 문제점은 그 문제가 해결될 때마다 새로운 문제점을 잉태한다.

2. '문제 있다'에서 '문제없다'로 변화되지 못하면 갓 피어오르는 꽃 봉오리가 시들어 버리는 것과 같다.

3. 어떠한 일이든 문제점 파악이 가장 중요하다.

4. 문제점란이 없는 보고서는 죽은 것이다.

여기에 솜, 부싯돌, 종이, 나무가 준비되어 있다. 부싯돌로 불꽃을 일으켜 솜에 불을 붙이고, 그 불을 종이에 붙이고, 최종적으로는 나무에 불을 붙여 물을 끓이든 밥을 하든 아니면 몸을 녹이든 한다.

나무에 불을 붙이려면 제일 먼저 해야 할 일이 무엇일까? 부싯돌로 불꽃 만들기? 아니다. 부싯돌로 불을 붙여야겠다는 '생각'이다. 이 생각이 없으면 시초단계에서 나아가지 못한다. 모든 행동이 생각의 명령을 받으므로 생각이 발현되지 않으면 행동 자체가 수행될 수 없다.

2000여 년 전 중국 진나라 말기 진시황이 죽고 그의 아들 호해가 왕이 되자 나라는 혼란에 빠졌다. 처음 반란 깃발을 든 사람은 진승이란 사람이다. 그는 농민출신으로 역사상 하층계급인 농민의 반란을 처음 일으킨 자인데, 그의 반란 덕택에 새로운 세상의 깃발은 유방(초나라의 항우와 대결하여 한나라로 천하를 통일함)에 의해 빛을 보았다. 진승의 농민반란이 추후 유방의 통일에 크게 기여한 것이다.

처음 진승은 만리장성의 강제노역에 차출된 고향사람들을 이끌고 가는 인솔책임자였는데, 가는 길에 큰 비가 내려 걸음이 지체되고 결국 기한 내에 도착이 불가능하게 되었다. 당시 진나라는 강제노역에 차출된 사람들이 기한 내 도착하지 못하면 인솔책임자뿐만 아니라 모두에게 사형이라는 형벌을 내렸다. 이리 죽으나 저리 죽으나 마찬가지였다. 그때 진승의 머릿속에 다음 생각이 떠올랐다.

'왕후장상영유종호王侯將相寧有種乎' 왕후나 장군, 재상의 씨가 따로 없다는 뜻이다. 진승이 혁명의 깃발을 높이 들며 농민들에게 자기의 생각을 이야기하자, 농민들은 일제히 호응하여 그 세력이 대단했다. 불행히도 내분으로 부하들에게 죽음을 당하나, 그가 내건 생각은 모든 사람에게 영향을 끼쳐 각지에서 혁명의 물꼬를 텄다. 진승이 그 생각을 함으로써 행동을 일으키고 세상을 바꾸었던 것이다.

어느 호텔에서 이발사협회와 의류협회가 주최하는 행사가 있었다. 주최자는 이발과 옷의 기능이 얼마나 중요한지를 홍보하기 위해 빈민가의 거리에서 행색이 가장 초라한 주정뱅이 거지를 한 명 골라 모델로 세웠다. 호텔로 데리고 와 이발을 하고 옷으로 새 단장한 그의 모습은 헤어스타일과 의류의 역할이 얼마나 중요한지 단적으로 보여주는 훌륭한 사례였다.

이 변신과정은 카메라에 담겨져 광고로 내보내졌고, 그걸 본 사람들은 이발과 의복으로 한 사람이 그렇게 완전히 변신할 수 있다는 사실에 놀라움을 금치 못했다. 행사가 끝난 후 호텔주인은 이 모습에 깊은 감명을 받고 신사로 변신한 거지에게 이 호텔에서 일할 기회를 주겠다고 제의했다. 그 거지는 내일 다시 오겠다는 말을 남기고 떠났다.

그러나 다음 날 나타나지 않았다. 호텔주인은 직감적으로 처음 그 거지를 발견했다는 장소에 나가 보았다. 그는 더러운 뒷골목 모퉁이에 신문지 위에서 술에 쩔어 고주망태가 된 채로 잠들어 있었다. 그 주정뱅이의 머릿속에는 아무 생각이 없었던 것이다.

자신이 어떤 사람인지 알고 싶다면 평소 무슨 생각을 하는지 떠올려 보라. 당신이 하는 생각이 바로 당신이다. 그만큼 생각은 참 중요하다. 생각은 모든 행동의 동기가 되고, 행동은 습관을 형성하고, 습관은 성품을 바꾸고, 성품은 운명을 바꾸는 길이고 촉매제가 되기 때문이다.

이것이 '사행습성운思行習性運'의 법칙이다. 줄여서 '사운思運'의 법칙이다. 즉 생각이 그 사람의 운명을 좌우한다는 것이다. 그러나 운명의 運은 '움직일 운'이므로 생각을 잘못 가지면 처음으로 다시 회귀한다.

요새 난리 북새통이다. 부모들이 자기 자식들 천재 만들기 프로젝트에 온 정신을 바친다. 사실 천재로 인해 본인 자신도 불행하게 될 뿐만 아니라, 사회, 기업 등 전체 조직에 미치는 부작용은 이루 말할 수 없이 큰 데도 말이다.

국가와 세계 경제를 움직이는 국가지휘부, 세계에 내노라 하는 대기업과 금융시장에는 기라성같은 많은 천재들이 많다. 그러나 결과적으로 천재, 인재들이 운영한 기업과 세계 경제가 어떠한가? 기업경영은 엉망이 되어 수익이 극감하고, 선진국과 후진국의 양극화현상 및 국민경제의 소득불균형으로 경제는 파탄에 이르렀다. '글로벌 경제위기' 속에 'Occupy wall street미국 금융중심지 뉴욕의 월 스트리트에서 소수 부유층에 의한 금융위기를 탄핵하는 시위'라는 구호를 외치며 상위 1%의 최고경영자에 대항하는 99% 시민. 왜 이러한 결과가 벌어질까?

40대가 되면 학력의 평준화로 보통이 되고

50대가 되면 용모의 평준화로 다 쭈그리가 되고

60대가 되면 건강의 평준화로 다 조금씩 아프고

70대가 되면 성의 평준화로 성에 별로 관심이 없고

80대가 되면 돈의 평준화로 돈을 쓸 데도 없고

90대가 되면 생사의 평준화로 살아도 죽어도 별 차이가 없다.

이 우스운 이야기는 바로 시간이 지나갈수록 모두가 평준화가 되고, 보통 사람의 길을 걷는다는 것이다. '천재'라는 말은 과거 톱다운 시스템에 의해서 만들어진 체계에서나 필요하지 지금 전 인류가 용광로Melting Pot가 되는 세상에서는 용도 폐기해야 할 단어이다.

우리가 흔히 제일 중요하다고 말하는 창의. 이것은 천재의 독창성이 아니라, 수많은 범재들이 단순한 작용에 의해 상호복합작용을 함으로써 만들어지는 것이다. 마찬가지로 머릿속의 각 뉴런에는 지성이 없지만 수많은 뉴런들이 모여 상호 복잡하게 화합되면서 신비한 지성이 나타나는 것이다.

천재를 만드는데 굳이 천재는 필요 없다. 한 명의 천재가 10만 명을 먹여 살리는 것이 아니라, 10만 명의 범재들이 상호작용 끝에 한 사람의 천재를 만들어 내는 것이다.

천재(天才)의 천(天) 자를 보면 사람들이 팔을 펼쳐 벌린 모습인 大 자가 천재 한 사람을 뜻하는 一 자를 위에 올리고 있는 형상이다. 매스

게임과 떼를 지어 나는 새들을 보자. 매스게임의 일사불란하고 화려한 모습 연출은 하나의 신비다. 떼를 지어 나는 새들이 일정한 거리와 모습을 유지한 채 장애물을 피하는 광경은 하나의 신비다. 모두가 수많은 평범한 인간, 수많은 평범한 새들이 상호복합작용으로 하나의 신비를 만들어 내는 것이다.

그럼에도 현재 모든 사회조직은 최고지도자, 최고경영자 등 탁월한 천재성 있는 일인一人에 의해 일사불란하게 움직이고 그 영향 아래 보통의 추종자들이 따라가는 형국이다.

나머지 보통의 추종자들이 상호복합하여 큰 창의와 최고의 정책을 이끌어 낼 수 있음에도 이 시스템을 무시하고 항상 '천재'라 일컫는 일인이 앞장서서 마치 무슨 불세출의 영웅이나 구세주가 된 것 같이 혼자서 무리를 이끌고자 한다.

이것이야말로 이른바 '영웅주의'의 찬사에 중독된 '천재'들의 패기인 것이다. 이 패기가 정책의 독선을 초래, 99%인 보통 사람들의 삶을 더 어렵게 만드는 것이다.

천재도 불쌍하고 바보도 불쌍하다. 1명의 천재를 만들어 내는 보통 사람들이 가장 좋은 것이며 이 기준에 따라 모든 계획과 정책을 정하면 천재는 그 후에 자연스레 따라오는 부산물일 뿐이다. 결론적으로 천재가 범재를 이끄는 것이 아니라 범재가 천재를 이끄는 천범전도天凡顚倒이다. 그러나 여기에는 남들과 잘 어울려 상호복합작용을 가능하게 하는 융통성과 협력하는 마음 자세를 전제로 한다.

1. 보통이라는 말은 보편적으로 통한다는 뜻이다. 보편이야말로 가장 튼튼한 무기이다.

2. 시스템이 없는 보통은 그야말로 폐기물이다.

3. 보통이 가장 행복이다.

4. 보통은 상식을 만들어내고, 상식의 힘은 비상식을 몰아낸다.

파충류가 되지 말자

이 세상에 가장 오래된 생명의 기원을 가진 파충류집단의 생태를 살펴보자.

갓 알에서 부화되어 개구리가 되기 위한 몸동작을 배우기 시작하는데, 반 이상이 개구리가 되지 못하고 사라진다.

물과 육지를 마음대로 왔다 갔다 하면서 갑자기 팔짝 뛰어 주위를 놀라게 하고, 어느 곳으로 뛸지 모른다.

악어를 경계하며 가만히 있다가 먹이가 나타나면 끈적끈적한 혀로 날름 먹어치우고, 위험할 경우는 꼬리를 끊고 몸체만 도망간다.

파충류의 왕자로 중량감 있게 군림하며 수면 위로 눈만 내놓고 있다가 먹이가 나타나면 조용히 다가가 강력한 턱으로 먹이를 삼키고는 서서히 수면 밑으로 잠수한다.

사회조직으로 따지면 올챙이가 사원급, 개구리는 중간조직으로 과장급, 도마뱀은 상층조직으로 부장급, 악어는 최상층조직으로 경영진이다. 만일 조직의 각 계층의 사람들이 파충류와 같은 행태를 보인다면 그 조직은 머지않아 붕괴될 것임은 자명하다.

그러나 유감스럽게도 필자의 경험을 보면 이러한 행태의 파충류집단이 많았다. 겉으로는 아닌 것처럼 큰소리치지만, 내면적으로는 알게 모르게 파충류집단의 행태로 운영되어진다. 즉 조직기구의 외적모양은 팀 운영으로 상하 간의 위화감이 없는 것처럼 보이지만, 내적의 실질적인 운영형태를 보면 그렇지 않은 경우가 많다.

일반적인 직급별 행태를 살펴보자.

사원	큰 포부를 가지고 입사하지만 아직 업무에 서툴고 모르는 것이 많다. 동기들끼리도 경쟁하면서 서로 배우려고 발버둥 치지만 인사고과에서 일부만 승진하고 나머지는 자연히 도태되어 버린다.
과장	업무와 회사 내 거래업체 간에 어느 정도 숙달된 관계로 연봉이 높은 타 직장 혹은 자립하기 위한 곳으로 옮겨가기 위해 항상 기회를 엿본다. 갑자기 사표를 던져 주위를 놀라게 하는 경우도 많고, 언제 어느 곳으로 날아갈지 주변에서는 불안하다.
부장	상위 경영진의 눈치를 극도로 살피며 아부와 아첨을 일삼을 수밖에 없다. 그러다 부하직원들의 실적을 자신의 공으로 치장하여 경영진에게 잘 보이려고 한다. 잘 풀리지 않으면 그 잘못을 부하직원들에게 전가하기도 한다.
경영진	가만히 직원들의 실적만 체크하다가 큰 건이 걸리면 덥석 물고, 자신이 전면에 나서 대외적으로 경영의 귀재인 것처럼 떠들어 댄다. 그 큰 건이 끝나면 또 조용히 부하직원들의 실적만 체크한다.

이러한 행태가 위계질서를 위해 불가피한 것으로 쉽게 수용되어지곤 한다. 그러나 우리가 여기에서 명심할 것은 이러한 조직이 절대 오래가지 못한다는 사실이다. 좋은 상품과 단단한 조직으로 단기간의 매출과 이익 실현을 하면서 조직이 어느 정도 버틸 수 있을지는 몰라도 장기적으로는 서서히 기둥뿌리가 썩어 무너져 버린다.

파충류집단의 주소는 '근무도 귀찮군 죽으면 편하리'가 되고, 분위기는 重(무겁고) 苦(고통스럽고) 複(복잡하고) 閉(폐쇄적)가 된다. 멀리 떠나지 못하고 한 육지에서 머물다 생명을 마친다.

수많은 기업들이 지금도 명멸을 반복하고 있다. 대부분 쓰러지는 기업들의 원인을 보면 바로 이 파충류집단의 행태가 만연해 있음을 금방 알 수 있다. 창업보다 수성이 더 어렵다는 말은 바로 이 현상을 가리킨다고 봐야 할 것이다.

그렇다면 우리는 어떤 조직의 틀을 가져야 할까? 필자는 조류의 집단 틀을 제안하고자 한다. 조류는 가장 경험 있는 리더가 앞에 서고, 사방에는 그 다음 경험 있는 새들이 경계를 하고, 무리의 가운데는 새끼들이 뭉쳐 난다. 계절에 따라 폭풍, 풍속, 위치 등을 헤아리고 새끼들을 보호하며 이끌고 멀리 신천지로 수천 킬로를 날아 새 보금자리를 구축하는 것이다. 즉 많은 경험을 가진 경영진이 앞장서고, 중간간부들이 외곽주변의 모든 것을 손수 해결하며 사원들이 뭉쳐 무리의 힘을 밀어 주어야 새로운 신천지를 만들어낼 수 있는 것이다. 조류집단의 주소는 '은혜도 신뢰군 안식면 편하리'가 되고, 輕(가볍고) 樂(즐겁고) 單(단순하고) 開(개방적)가 된다. 하루빨리 파충류에서 조류로 진화하자.

1. 개인으로는 본능상 이기주의와 이타주의가 80대 20이다. 조직으로 노력하면 이기주의와 이타주의가 20대 80이 될 수 있다.

2. 자신의 마음속에 파충류가 있는지 점검하자. 있다면 과감히 조류로 바꾸는 노력을 하자.

3. 파충류 마음은 창의, 혁신, 변신이 불가능하다. 조류 마음은 창의, 혁신, 변신이 자유자재이다.

4. 파충류는 특정한 울타리 안에서만 생존하지만, 창공을 훨훨 날아 글로벌의 세계로 나아갈 수 있는 것은 조류이다.

'척'하지 말자

20대는 해본 척

30대는 센 척

40대는 능숙한 척

50대는 자는 척

60대는 죽은 척

위에서 말한 '척'은 무엇을 척하는 것일까? 남자들의 잠자리에 대한 태도다. 20대는 친구들한테 해봤다고 으스대고, 30대는 자기 힘이 최고라고 허풍 떨고, 40대는 상대를 리드했다고 과시하고, 50대는 아내가 샤워만 해도 자는 척 슬쩍 피하고, 60대는 더 나아가 죽은 척해서 마누라를 피한다고 한다.

진실과 다른 '척'은 오해를 불러일으키고 종국에는 불화와 파탄을 가져오는 씨앗이 된다. 이 '척'으로 인해 가장 많은 범죄인 사기가 일어나 많은 사람들을 울리고 죽게 만든다.

사기꾼에게는 딱 한 가지 기술밖에 없다. 바로 '척'하는 기술이다. 외제차와 비싼 옷, 화려한 미사여구, 엄청난 이익을 거둔다는 허풍 등으로 좋은 기회인척 사람들을 속인다. 그러나 머지않아 결과가 나타나지 않기 때문에 반드시 인과응보의 결말을 맞이한다.

과거 쓰러진 대기업들은 오랫동안 경영의 큰 발자취를 남겼지만, '척'으로 인한 경영실태는 투자자들과 국민들을 실망시켰다. 장기간 투자 실책에 따른 손실은 점점 커졌지만 이 사실이 알려지면 시장에 끼치는 충격이 두려워 계속해서 손실을 이익이 난 것처럼 가장했다. 다시 말하면 적자기업을 흑자기업인 '척'한 것이었다. 이 '척'을 믿고 수많은 투자자들이 계속해서 이 기업들의 회사채를 매입해 자금을 지원해 주었고 이 빌린 자금으로 적자를 메꾸어 가는 악순환을 거듭했던 것이다.

손실을 가장하기 위해 가공자산을 부풀리고 별의별 분식회계를 저질 렀다. 고정자산의 부동산 가치를 올리고, 없는 재고자산을 있는 것인 양 장부에 올리고, 해외 페이퍼컴퍼니에 팔리지도 않은 매출을 있는 것인 양 외상매출을 올리고, 없는 자산을 있는 것처럼 '척'한 것이었다. 공표 재무제표는 엄청난 이익을 시현하고 있는 것처럼 인식되어 많은 투자자들을 투자하게 했지만, 엔진이 고장난 상태로 계속 굴러갈 리가 없었다.

결국 멈춰 섰고 많은 투자자들을 울리게 만들었다. 그와 동시에 그 기업도 붕괴되고 국가 경제도 피폐되고 경영진도 형사처벌을 받았다. 만일 이 기업들이 '척'을 하지 않았다면 적자 초기에 뼈를 깎는 구조조정을 단행해 지금 더 큰 세계 경영의 빛을 발했을 수도 있었을 것이다.

지금도 상장회사 2000여 개 중 많은 기업들이 투자자나 주주의 시선이 두려워 적자를 흑자로 둔갑시키는 이른바 '척'이 유행이다. '척'이 없으면 뼈아픈 구조조정을 해야 하지만, '척'이 있으면 당분간 편히 지낼 수 있다는 것은 최고경영자로 하여금 더욱 '척'의 유혹에 빠지게 한다.

중국에는 이 '척'을 경계하라는 고사성어가 있다.

'양두구육羊頭狗肉'

소머리를 문에 걸어 놓고 안에서는 양고기를 파는 것이다. 영어로 Window Dressing인데 창문을 훌륭하게 겉치레로 장식한다는 뜻이다.

'척'이 무서운 이유는 한번 '척'을 하면 계속 '척'을 해야 한다는 것이다. 거짓말을 한번 하면 진실을 가리기 위해 수백 번의 거짓말을 더 해야 한다. 수백 번의 거짓말은 결국 수만 가지로 뻗어나가 정체가 탄로 나는 법이다.

그러나 이 '척'의 정체가 탄로 날 때는 이미 상당한 시간이 경과되어 그 피해는 걷잡을 수 없이 커져 원상복구는 불가능할 때가 많다. 오직 피눈물 나는 피해를 감수해야만 한다.

그래서 '척'을 애초에 시도하지도 말아야 한다. 처음부터 오로지 진실만을 가지고 기업을 경영하거나, 인생을 살아온 사람은 다소 힘든 과정을 겪지만 종국에는 찬란한 진실의 꽃이 만방에 펼쳐진다.

어떤 사람은 고등학교를 졸업하고 대졸로 '척'해서 직장도 잡고, 결혼도 했는데 그 '척'을 유지하기 위해 매일 거짓말을 하는 피나는 고통을 겪었다고 한다. 도저히 '척'을 계속 할 수 없어 직장도 사표 내고 다른 평계로 이혼도 했다. 후에 고졸이라는 학력으로 새 직장을 잡고 새 결혼을 하여 지금은 행복한 사회생활을 하고 있다는 소문을 들으니 진실과 다른 '척'이 얼마나 마음을 황폐화시키고 잘못된 사회생활로 인도하는지 알 수 있을 것 같았다.

필자가 아는 경영자는 굉장히 엄격한 성격의 소유자다. 끝까지 자기 잘못을 시인하지 않고 변명으로 일관하는 직원들에 대해서는 일벌백계로 다스리지만, 자기 잘못을 알고 용서해달라는 직원들에 대해서는 모두 눈감아 주는 아량을 베푸는데 그 이유를 물은 즉, 그의 대답은 이러했다.

"아무리 잘못해도 잘못을 알고 진실로 깨닫는 것만큼 중요한 것이 없습니다. 자기 잘못을 아는 사람은 언젠가 자기의 잘못을 반드시 회복할 노력을 합니다. 그러나 끝내 변명을 하고 진실을 외면하는 자는 다시 큰 잘못을 저지르게 됩니다. 무슨 일이든 잘못한 것은 잘못한 것으로, 깨끗이 시인해야 발전이 있죠. 이걸 잘못 안 한 것처럼 '척'하면 더 큰 사고가 생기지요. 제가 제일 싫어하는 것이 '척'입니다."

우리가 하지 말아야 할 삼척동자가 있고, 또 누가 삼척동자인지 판단할 수 있는 냉철한 판단력이 있어야 하겠다.

1. 아는 척 – 모르는 것은 물어 알아가자.

2. 모르는 척 – 아는 것은 정보를 공유하자. 그래서 검증을 받자.

3. 잘난 척 – 진실대로 보여주자.

세상에서 가장 강한 생물은? 모양, 성향, 습성 등을 고려할 때 가장 먼저 떠오르는 것은? 필자가 보기에 고래, 코끼리, 하마도 아니고 그렇다고 눈에 보이지도 않는 작은 박테리아, 세균도 아니다. 다름 아닌 바퀴벌레!

바퀴벌레는 3억 년 전 지구상에 태어난 것으로 추정되고, 현재 총 4000여 종이 은밀하게 서식하고 있다. 바퀴벌레의 여러 가지 특징을 살펴보고 이를 모방할 샘플을 만들어보자.

1. 번식력이 왕성해 암컷 한 마리가 1년에 10만 마리의 새끼를 낳는다.

→ 많은 소비자층, 거래처, 협력업체를 두어야 난공불락이다.

2. 은밀한 서식처에 기거하여 웬만한 습도, 온도에서 살아남을 수 있고, 천적이 없다.

→ 틈새시장이야말로 경쟁자가 없고 좋은 환경이다.

3. 몸 두께의 3분의 1까지 축소되어 작은 틈새도 비집고 들어갈 수 있는 신체 구조를 가지고 있다.

→ 조직 구조는 탄력적이어야 한다.

4. 몸의 1.5배나 되는 더듬이로 주위의 온도, 냄새, 습도 등을 감지한다.

→ 급변하는 외부환경에 안테나의 기능을 높이자.

5. 피부가 특수하고 두꺼워 원자폭탄 투하에도 살아남는다.

→ 세계적인 경제쇼크에도 끄떡없는 튼튼한 재무구조를 만들자.

6. 위가 몸 전체의 3분의 2다. 식욕이 왕성하다.

→ 마케팅을 최우선으로 하라.

7. 위가 3단계(저장 위→이빨 있는 위→소화 위)로 구분되어 있다. 나무, 돌, 어느 것이나 부숴 먹을 수 있다.

→ 멀티 잡을 가져야 한다. 업종의 경계는 없다.

8. 동료의 시체를 먹고 생존한다, 어떠한 위기에도 살아남는다.

→ 어떤 문제든 불굴의 의지로 해결한다.

바퀴벌레가 세상 최강자라니, 겉모양은 그래도 속은 온갖 환경과 위험의 경우에도 거뜬히 생존할 수 있는 최대공약수만을 가지고 살아가는 것 같다. 속이 알찬 서바이벌 경쟁력을 가진 바퀴벌레에 힘찬 경외감을 보내고 싶다.

Point

1. 겉치레보다 알찬 경쟁력이 중요하다.

2. 불필요한 기능은 중요한 기능에 마이너스가 된다.

3. 스스로 진화된 조직이 강제로 바뀐 조직보다 강하다.

성공할 수 있는 가장 확실한 방법

이 세상 모든 사람에게 한치의 오차도 없이 공평하게 주어진 것이 있다. 이 주어진 것을 어떻게 활용하느냐가 그 사람의 인생을 좌우한다. 바로 '시간'이다.

시간은 돌릴 수도, 멈출 수도, 늘릴 수도, 줄일 수도 없는, 시작도 끝도 없이 무한히 펼쳐져 있는 활동, 창조, 성공의 기회이다. 주어진 이 시간을 허무하게 소비하는 사람은 여생을 비생산적으로 소비만하다 수동적으로 마치는 반면, 주어진 시간을 생산적으로 활용하는 사람은 무엇인가를 창조해내고 역동적으로 마치게 된다.

자기에게 주어진 시간을 어떻게 활용할 것인가? 행동의 차이는 초기엔 표시가 나지 않는다. 그러나 시간이 갈수록 극명하게 들어나 결과물의 현저한 차이를 보여준다.

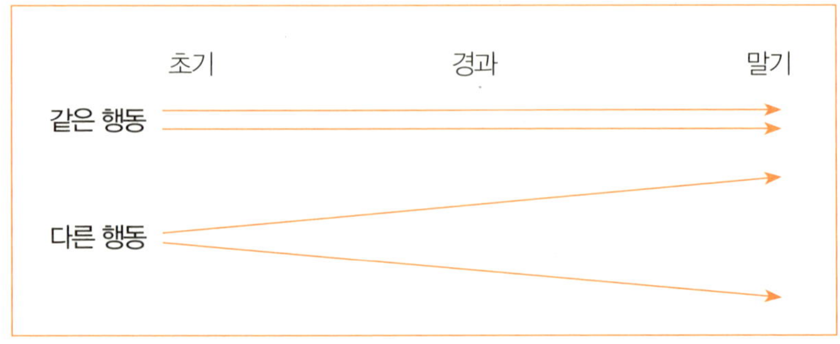

초기에 1도만 각을 틀면 시간이 경과될수록 모양이 현저하게 달라진다. 즉 반복되는 평행선이 아니라 다른 방향을 향하는 역동적인 이동선이 되는 것이다.

약간의 달라진 각도를 유지하면 말기에는 그 간극이 어마어마하게 벌어진다. 사고로 사지가 마비된 사람이 좌절하지 않고 행동의 각도를 달리해 정상인도 못해내는 기적을 이루어냈다는 뉴스를 많이 본다. 그러나 이건 엄밀히 말하면 기적이 아니라 각도를 다르게 한 행동의 엄연한 결과일 뿐이다.

그러면 과연 어떻게 행동해야 주어진 시간을 창조적, 역동적으로 사는 것이냐? 아인슈타인은 '어제와 똑같이 살면서 다른 미래를 기대하는 것은 정신병 초기 증세다'라고 말했다.

행동관리의 원칙을 살펴보자.

1. 자신부터 시작하자.

자신이 아닌 타인으로부터 시작되기를 바라면 그것은 남의 일이다.

2. 해야 할 중요한 일부터 하자.

내가 더 해야 할 일, 내가 덜 해야 할 일, 내가 시작해야 할 일, 내가 그만두어야 할 일을 설정한다.

3. 할 수 있는 것부터 하자.

할 수 있는 것, 할 수 없는 것을 구분하자.

4. 지금부터 시작하자.

때를 놓치면 때는 영영 오지 않는다. 지금이 가장 빠를 때다.

5. 할 수 있을 때 하자.

할 수 없을 때, 할 수 있을 때를 잘 구분해서 해야 더 효율적이다.

6. 하고 싶을 때 하자.

마음이 없으면 할 수 없다. 설령 하더라도 전혀 효과가 없다.

7. 잘못됐을 때 다음과 같이 반추하자.

한 번 잘못되면 다시 해보자.

두 번 잘못되면 왜 잘 못됐는지 되돌아보자.

세 번 잘못되면 방법론이 잘못됐는지 살펴보자.

네 번 잘못되면 목표를 조금 낮게 잡자.

다섯 번 잘못되면 잠시 멈추자.

여섯 번 잘못되면 목표를 우회해서 가는 길을 찾자.

일곱 번 잘못되면 버리자.

럭키세븐의 경우에도 잘못되면 그것은 안되는 것이고, 된다 하더라도 그것에 바친 노력과 비용을 감안하면 훨씬 손해다.

위와 같은 행동관리 원칙을 세우고 행동을 달리해도 최소 3년까지는 아무 효과도 없어 보인다. 모양조차 달라지지 않는 것처럼 느껴지기도 한다. 때로는 달라진 행동패턴 때문에 고통이 따를 수도 있다.

그래서 이렇게까지 해야되나 하는 의구심마저 들어 포기의 유혹이 일지만 이미 간극을 벌이는 각도가 세워졌기 때문에 그 각도를 유지한 채 조금만 참으면 된다. 5년 후에는 확연히 자신의 모양이 달라져 있음을 주위 사람들이 느끼게 될 것이다.

본인은 잘 모를 수 있다. 자신의 얼굴을 볼 수 없음은 당연한 바 주위 사람이 느끼는 것이 진정한 모습인 것이다.

행동을 달리하는 것만큼 어려운 것이 없다고 한다. 인간이 가지고 있는 관성의 법칙 때문일 것이다. 그러나 다음의 일화를 보고 행동을 달리하는 용기를 내보자.

프랑스의 나폴레옹은 부하들이 말만 하고 행동을 달리 하지 않는 것을 보고 다음과 같이 말했다 한다.

"First Behave, After Think 먼저 행동, 후에 생각하라!"

맥아더가 일본의 극동사령관에 부임했을 때 그의 부관이

"사령관 각하. 지금부터 드리는 모든 행동과 규칙을 숙지하시고 이대로 따르시면 됩니다. 예전부터 해왔던 사령관들의 전례입니다."

"여보게 부관, 나한테 주는 이 전례들은 다른 사람들의 이전 행동일세. 지금부터는 나만의 행동을 세우고 달리 할 것이네."

성공 돌직구 45

초판 1쇄 펴낸 날 | 2012년 12월 31일

지은이 | 김우일
펴낸이 | 이금석
기획·편집 | 박수진
디자인 | 강한나
마케팅 | 곽순식, 김선곤
물류지원 | 현란
펴낸곳 | 도서출판 무한
등록일 | 1993년 4월 2일
등록번호 | 제3-468호
주소 | 서울 마포구 서교동 469-19
전화 | 02)322-6144
팩스 | 02)325-6143
홈페이지 | www.muhan-book.co.kr
e-mail | muhanbook7@naver.com
가격 13,000원
ISBN 978-89-5601-309-1 (13320)